Gabriel Guerriero

MANUAL TEÓRICO PRÁCTICO DE
MEDITACIÓN

EDICIONES
Lea

Ilustraciones capítulo 23: Lato Santana.

Manual teórico práctico de meditación
es editado por
EDICIONES LEA S.A.
Av. Dorrego 330 C1414CJQ
Ciudad de Buenos Aires, Argentina.
E-mail: info@edicioneslea.com
Web: www.edicioneslea.com

ISBN 978-987-634-947-5

Impreso en Argentina. Primera edición.
Septiembre de 2013. Arcángel Maggio-División Libros.

Guerriero, Gabriel
    Manual teórico práctico de meditación. - 1a ed. - Buenos Aires
: Ediciones Lea, 2013.
    144 p. ; 23x15 cm. - (Alternativas; 53)

    ISBN 978-987-634-947-5

    1. Meditación. 2. Espiritualidad. I. Título
    CDD 248.5

Gabriel Guerriero

MANUAL TEÓRICO PRÁCTICO DE
MEDITACIÓN

Introducción

1. Acerca de este libro

Hola, y gracias por abordar esta lectura.

Expongo aquí contenidos basados fundamentalmente en mi experiencia personal como meditador. Datos referidos a diversos aspectos de la práctica, para que puedas conocerlos, evaluarlos e implementarlos según tu propio criterio.

Mi formación se orienta hacia el *Yoghismo*, y podrás detectar esta influencia en determinadas concepciones y sus denominaciones sánscritas asociadas. Con la expectativa de trascender esta perspectiva ofrezco una mirada imparcial, y utilizo un lenguaje claro y objetivo.

El libro conlleva la posibilidad de ser leído según dos criterios diferentes, que lo convierten respectivamente en un tratado de orden teórico práctico básico (orientado a personas que inician su actividad meditativa, o a investigadores teóricos abocados al tema), o teórico práctico avanzado (dedicado a meditadores con experiencia o estudiosos con conocimientos previos). Incluye también al final tres hojas recortables (Anexo, página 135), las cuales contienen una síntesis de las principales definiciones que aparecen en diversos apartados, para que puedas guiarte de forma rápida y sencilla durante la lectura.

Todo es referencial y orientativo, el conocimiento real y los resultados concretos solo puedes obtenerlos a partir de la realización sostenida de tu práctica.

¡Que tengas éxito en tu Meditación y felicidad en tu Vida!

2. Guía de abordaje

Recorta las páginas destinadas a dicho fin ubicadas al final del libro, para utilizarlas como guía de consulta. Luego, según tu experiencia y expectativas, elige uno de los siguientes criterios de lectura:

Formato teórico práctico básico

Aporta pautas simples para iniciar la ejercitación de forma sencilla e inmediata. También adecuado si buscas información teórica básica sobre *Meditación*. Lee los apartados indicados sin considerar las referencias a conceptos definidos en otras secciones (palabras remarcadas o indicación de apartados). Solo cuando poseas un afianzamiento razonable de lo expuesto en esta etapa, y sin descuidar el sostenimiento de la rutina adquirida, es aconsejable que realices un avance paulatino hacia la exploración del *Formato teórico práctico avanzado*.

Apartados 3 al 5, 15 al 25, 31, 65, 67, 68 y 72 en el orden descripto.

Formato teórico práctico avanzado

Amplía notablemente los conceptos expresados en el modelo anterior, resultando recomendable si posees familiarización con lo expresado en el mismo.

Apartados 3 al 72, de forma lineal la primera vez, y selectiva según interés por tema o aleatoria en las posibles subsiguientes.

3. Qué es la Meditación

El concepto posee diferentes acepciones según el enfoque apreciado. Para Occidente, meditar significa en general el acto de aplicar atentamente el pensamiento a la consideración o conjugación de alguna cosa. El criterio oriental, más cercano al que expreso en este libro, refiere a una práctica orientada al desarrollo de potencialidades cognitivas y metafísicas humanas.

Yo la defino como un ejercicio que posibilita el mejoramiento de la calidad de vida y el logro de la realización, tanto a nivel individual como colectivo del *Ser humano* (*Definiciones conceptuales*, Apartado 6), a partir de la optimización funcional de la totalidad de sus componentes. Considero también que probablemente acelere el alcance de potencialidades latentes en la especie, las cuales podrían naturalmente manifestarse conforme el correr de las generaciones.

Seguramente sus orígenes se remonten a los albores de la humanidad, cuando algunos de los primeros hombres la practicaron en el formato de simple actitud contemplativa, guiados de manera intuitiva por el cúmulo de gratas sensaciones que experimentaban al hacerlo.

Luego en diferentes culturas y con diverso grado de influencia se desarrolló, a veces hasta ser columna vertebral de una sociedad.

Meditación es un ejercicio que te influencia favorablemente de manera integral.

4. Beneficios de la práctica

Son muchos los beneficios que puede aportarte el ejercicio regular de *Meditación*, los cuales organizo a los fines prácticos de su descripción, y según un enfoque cronológico y vivencial, en las siguientes categorías:

Corto plazo

Refiere al lapso mismo durante el que sucede la ejercitación y a las horas inmediatamente posteriores. A los pocos minutos de iniciada la práctica hay aspectos orgánicos que comienzan a verse favorablemente influenciados, proceso que trae aparejado un paulatino reequilibrio psicofísico. Conforme el avance la estabilización alcanza otras instancias, lo cual redunda en la experimentación de bienestar y armonía crecientes. Luego de la finalización y en lo que resta de la jornada se manifiestan mayor tranquilidad, claridad mental, mejoría del estado de ánimo y el descanso.

Mediano plazo

Contempla condiciones emergentes luego de algunos meses de práctica continuada, tales como estabilidad sustentable de los factores enumerados en *Corto plazo*, mejoría de la salud psicofísica y la postura corporal, ampliación de la actitud optimista y la intuición, y evolución de la predisposición para la toma de decisiones trascendentales en lo personal. Otros aportes complementarios son el mejoramiento del rendimiento en otros ámbitos de desempeño, el ejercicio de la disciplina, el aumento de la autoestima, la clarificación de objetivos personales y de estrategias para su concreción, y la experimentación del mecanismo de construcción a partir de la regularidad.

Largo plazo

Después de algunos años de práctica sostenida. La reorganización paradigmática y optimización funcional establecidos posibilitan la percepción de aspectos esenciales de la existencia, y la vida cobra una dimensión amplificada en posibilidades.

5. Contraindicaciones

Aunque la *Meditación* es una práctica que carece en general de contraindicaciones, es razonable que consideres los siguientes casos particulares, en los cuales es recomendable que procedas con cautela:

- Cuando exista tendencia a la obsesión o al delirio místico, ya que esta podría convertirse en un móvil que reforzara dichas problemáticas.

- Si a través de su ejercicio se ocultara un intento por evadir la realidad.

- En cuadros neurológicos o psiquiátricos, en los cuales se recomienda el acompañamiento terapéutico exhaustivo del especialista médico.

Conceptos y definiciones

6. Definiciones conceptuales

Defino en este apartado conceptos que utilizaré como puntos de referencia prácticos durante el desarrollo del libro, sin expectativa de que sus alcances trasciendan este contexto (tanto para las ideas expuestas en esta sección como para las expresadas más adelante).
Definiciones:

Cosmos

Es el *Cosmos* todo lo que existe, incluidas sus posibles causas y potencialidades.

Ser/es humano/s

Es el *Ser humano* una criatura emergente del *Cosmos*, que vive incluida en él y comparte con el mismo indefectible relación simbiótica, mientras posee capacidad para reconocer tanto su individualidad como la existencia de aquel, y las interacciones que entre ambos se desarrollan.

Instancia/s constitutiva/s

El *Ser humano* se compone de cuatro *Instancias constitutivas* (o *Instancias*) complementarias, tales como el *Cuerpo*, la *Mente*, la *Conciencia* y el *Observador*.

Inteligencia/s

De la actividad de cada una de las *Instancias constitutivas* surge una *Inteligencia*, como mecanismo funcional asociado a la misma.

Pulsión observadora

El *Observador* ejerce la *Pulsión observadora*, estímulo promotor de toda la dinámica existencial humana, que conlleva además la receptividad para albergar el resultado del desarrollo de la misma o *Cognición*.

Cognición

La *Cognición* surge del despliegue de la *Pulsión observadora* a través de posibilidades experimentales de las *Inteligencias*, y se define en base a la sumatoria de variados componentes entre los que se cuenta la *Atención* (Apartado 10).

Estado/s meditativo/s

Los *Estados meditativos* son específicos despliegues optimizados de la *Cognición*, emergentes de un definido nivel de equilibrio alcanzado por una o más *Inteligencias*. Generalmente estimulados mediante la *Meditación*.

7. Instancias e Inteligencias

Las definiciones vulgares del término "inteligencia" abarcan un amplio rango que incluye especialmente las de carácter psicológico y biológico. A los fines de este tratado la explico como un mecanismo surgente de la actividad de cada una de las *Instancias constitutivas*, que posibilita el desarrollo cognitivo.

La disposición funcional de las *Inteligencias* es inversa a la de la *Instancias constitutivas* de las cuales emergen, contexto en el cual el *Cuerpo* y la *Inteligencia corporal* actúan de límite, a partir del cual se disponen de forma concéntrica desde la periferia hacia el centro el *Cuerpo*, la *Mente*, la *Conciencia* y el *Observador*[1], y de manera inversa la *Inteligencia corporal*, la *Inteligencia mental*, la *Inteligencia consciente* y la *Inteligencia observadora*.

El *Observador* y la *Inteligencia observadora* resultan inalterables en su condición de equilibrio, mientras que las demás *Instancias* así como sus *Inteligencias* asociadas poseen naturaleza mutable. Esta mutabilidad afecta de manera mucho mayor a las *Inteligencias* que a las *Instancias constitutivas*, aunque sus variaciones resultan recíprocamente afectables.

Las *Inteligencias corporal, mental* y *consciente* forman un conjunto funcional que denomino *Tríada exterior*.

Cada *Inteligencia* posee mecanismos de actividad particular y otros de funcionalidad simbiótica en relación a las demás, y engendra un conjunto definido de tendencias comportamentales que interaccionan dando lugar a infinitos posibles contextos organizativos; la sumatoria de los niveles de equilibrio propio y el balance de la mecánica conjunta definen un estado de armonía sistémica. Si este promedio disminuye, cada *Inteligencia* de la *Tríada exterior* (sobre todo la más afectada) tiende a implantar su hegemonía y el predominio de sus actitudes asociadas, condición que da lugar a un sinnúmero de desarreglos que pueden alentar incluso la aparición de enfermedad (la cual resulta en este contexto un alerta de incentivo para alcanzar un nuevo estado de equilibrio, incluso de mayor sustentabilidad que el anterior).

---

1   La relación entre esta denominación y un hecho de carácter sensorial es solo referencial, sin aludir una acción visual orgánica.

A continuación, características particulares de cada *Inteligencia*:

Inteligencia corporal

Comprende tendencias instintivas, reacciones condiciona-das y procesos emocionales, caracterizados por la respuesta lineal ante estímulos provenientes de llamamientos fisiológi-cos o registros sensoriales, dinámica que representa el *Pensamiento fisiológico*. En equilibrio promueve la necesidad de adquirir rutinas saludables y desarrollar un marco emocional sano, tendencia que facilita el logro de la experimentación de un estado placentero que cumple paulatinamente la función de marco referencial y estímulo auto definido. En desequilibrio instiga la aparición de miedo, exagerada ne-cesidad de auto preservación y violencia.

Inteligencia mental

Etapa del razonamiento, que se desarrolla en base al *Pensamiento lingüístico*, tanto *Dialéctico* como *Simbólico*. En equilibrio promueve el desarrollo del conocimiento, el ejerci-cio de la razón, las relaciones humanas maduras y sustenta-bles, y la elaboración y el intercambio de ideas. Su desequili-brio conlleva egoísmo, traducción descontrolada del proceso mental a una constante auto narrativa, y necesidad exagera-da de definir estructuralmente la existencia.

Inteligencia consciente

Nivel intuicional, en el cual toda idea es sintetizada en un único concepto esencial resolviente, según el *Pensamien-to intuicional*. Se caracteriza por sus elevadas volatilidad y sensitividad, así como por la influencia medular que ejerce sobre las otras dos componentes de la *Tríada exterior*. Su es-tabilización conlleva la percepción nuclear del tiempo crono-lógico en un presente omni incluyente, la noción de unidad y sincronía con una causa mayor y la actitud de servicio. En desequilibrio provoca pesimismo, desgano, desilusión, tristeza y tendencia autodestructiva.

Inteligencia observadora

Nivel existencial, en el que rigen inmutabilidad, atemporalidad y adimensionalidad. Etapa motivada en el *Amor* (*Actitud*, Apartado 12), concepto que promueve como *Amorosidad* sobre y a través de la *Tríada exterior*, obteniendo a su vez de ésta la posibilidad de objetivar dicha noción y vivenciar experiencias.

8. Principales mecanismos funcionales asociados

Aspectos de la funcionalidad humana que se relacionan de forma particular con la *Meditación*, algunos de los cuales tomo como referencia durante el desarrollo del libro.

Podrás notar que individualmente representan condiciones de tal magnitud que merecen un tratamiento amplio y específico, aunque aquí las propongo de forma acotada y definidamente orientada a contextualizar la temática.

Contabilizo dentro de este conjunto los *Mecanismos funcionales*, la *Voluntad* y el *Pensamiento*.

Como *Mecanismos funcionales* considero aquellos que presentan tendencia automática en su manifestación, como *Sinapsis nerviosa*, *Circulación sanguínea*, *Respiración*, *Cinco sentidos*, *Memoria*, *Razonamiento*, *Imaginación* e *Intuición*, cada uno de los cuales se relaciona de forma particular con el funcionamiento de una de las *Inteligencias* de la *Tríada exterior*, condición por la cual clasifico los cinco primeros como corporales, el *Razonamiento* y la *Imaginación* como mentales y la *Intuición* como consciente.

La *Voluntad* por otro lado puede ser considerada un *Mecanismo estratégico*, ya que presenta mayor posibilidad de modelación mediante el albedrío personal.

Finalmente el *Pensamiento*, como resultante de la dinámica conjunta e interacción constante de los anteriores factores.

Sinapsis nerviosa

Proceso de comunicación entre neuronas, aspecto orgánico primordial a partir del cual se desarrolla la *Inteligencia corporal*. La restauración sináptica y la reestructuración de redes neuronales posibilitada por la plasticidad neuronal, son los mecanismos biológicos principales sobre los que acciona la *Meditación* y en los cuales basa a su vez sus alcances.

Circulación sanguínea

Movimiento de la sangre que posibilita el transporte de sustancias necesario para el despliegue metabólico. La tendencia circulatoria preponderante durante el ejercicio, está dada por la reducción del tránsito periférico en aras del centramiento del flujo sobre el Sistema nervioso central, lo cual representa un favorable estímulo neurológico. La *Circulación sanguínea* es impulsada por la dinámica cardíaca, la cual supone el ritmo fisiológico más influyente que funciona como regente de la organización corporal y su *Inteligencia* asociada.

Respiración

Función relacionada con la toma de oxígeno del medio, y a la expulsión de gases de desecho. Posee relevancia múltiple debido a diversos factores químicos y mecánicos. Como aspectos externos de la misma se cuentan las posibles vías de ingreso del aire (nasal, bucal o mixta), y las tres probables regiones del tronco movilizadas para dar lugar a la expansión pulmonar (abdomen, tórax o zona clavicular), cuyo aprovechamiento combinado se denomina *Respiración completa*. En general la *Respiración* utilizada en *Meditación* es nasal, abdominal y *Natural* (*Glosario de términos descriptivos*, Apartado 9).

Cinco sentidos

Mecanismos de la percepción tales como vista, oído, tacto, gusto y olfato. La propensión en *Meditación* es limitar su influencia al requerimiento específico de la técnica que estuviera siendo ejercitada, por lo cual se utilizan de forma selectiva y racionalizada. De la síntesis funcional de los mismos surgen tres *Canales sensoriales* (o *Canal sensorial*), las rutas visual, auditiva y cinestésica (o kinestésica, que nuclea tacto, gusto y olfato). Todo *Ser humano* posee en general un *Canal sensorial* predominante, a través del cual se despliega con mayor naturalidad el proceso de apreciación de experiencias, condición que posibilita la elección de ejercicios de mayor afinidad con la propia contextura.

Memoria

Almacenaje de información en base a la consolidación de redes neuronales, según estímulos provenientes de diversas fuentes tales como genotipo, *Intuición*, *Razonamiento*, *Imaginación* y *Cinco sentidos*. Distingo cuatro tipos complementarios, cada uno con diferente nivel de enraizamiento e influencia, y los defino como *Memoria del primer tipo*, *Memoria del segundo tipo*, *Memoria del tercer tipo* y *Memoria del cuarto tipo*.

Memoria del primer tipo

De corto plazo. Concerniente a la problemática del instante y a sucesos cotidianos de la mecánica vital. Carente de sustentabilidad. En concordancia con la *Imaginación* puede causar la traducción auto narrativa descontrolada del *Pensamiento*.

Memoria del segundo tipo

De mediano plazo. Se vincula con una época determinada y cuestiones cuya perspectiva se extiende a días, pocas semanas o algunos meses. Afecta un estrato semi superficial y se relaciona con el establecimiento de hábitos.

Memoria del tercer tipo

De largo plazo. Puede abarcar años, décadas o todo el lapso vital. Presenta una estructura sólida y poco accesible, lo cual la convierte en una instancia de difícil adecuación voluntaria. Determina y define gran parte de la personalidad, por condicionar patrones de comportamiento que se reflejan en elecciones relacionadas al quehacer, las relaciones humanas y los ámbitos de desempeño.

Memoria del cuarto tipo

De orden genotípico, causal de condicionamientos comportamentales de carácter basal. Muy poco dúctil.

Los datos guardados en la *Memoria* pueden emerger tanto de manera voluntaria como automática, en forma de recuerdos que generan comúnmente impulsos y condicionamientos. El ejercicio meditativo promueve una reestructuración favorable de las cuatro capas, fundamentalmente de las dos últimas. A partir de esta profilaxis el *Ser humano* se libera paulatinamente de limitaciones y accede a la posibilidad real de vivenciar avances sustanciales en el sentido de su realización personal y el alcance de la felicidad. Mientras dura este proceso y como condición inherente al mismo, es factible la aparición de recuerdos o nociones de carácter simbólico, las cuales pueden evidenciar la liberación de cierto aspecto reprimido en la *Memoria*, y aportar información tanto racional como intuicional que facilite la comprensión de problemáticas íntimas, por lo cual es aconsejable permitir el desenvolvimiento *Natural* (*Glosario de términos descriptivos*, Apartado 9) de tales emergencias.

Razonamiento

Mecanismo de base mental que posibilita el análisis, y se despliega tanto automática como voluntariamente. En general limitado adrede durante la práctica meditativa ya que su desarrollo descontrolado genera dispersión. Íntimamente ligado a la *Imaginación*.

Imaginación

Condición que genera actividad creativa de orden subjetivo y carácter sensorial. Posee un aspecto automático y otro voluntario. El primero considerado en general desfavorable en *Meditación*, debido a que se despliega de forma invasiva y estimula tendencias contrarias a la estabilización, tales como reacciones orgánicas y dispersión de la *Atención*. El segundo estimado como recurso cuando se utiliza de forma acotada y específica en ciertos ejercicios. Relacionada funcionalmente con la *Memoria* debido a que la mayor parte de los conceptos imaginados se sustentan en parámetros guardados en aquella.

Intuición

Función consciente que permite la captación de situaciones y problemáticas de manera sintética, esencial y resolviente. Trasciende las limitaciones relacionadas al razonamiento lógico y los paradigmas universales de espacio y tiempo. Resulta primordial como guía en el proceso de reestructuración existencial expresado en *Cuidado emocional y psíquico* (*Complementos estratégicos de las técnicas*, Apartado 39).

Voluntad

Mecanismo de control recíproco de las *Inteligencias* de la *Tríada exterior* que posibilita el sostenimiento de criterios. Utilizado de forma específica en *Meditación* a través de su aplicación en los siguientes aspectos:

- Mantenimiento de la rutina de práctica.

- Ampliación del lapso de implementación de una técnica.

- Regulación de *Mecanismos funcionales*.

- Efectivización del despliegue actitudinal.

Puede resultar en teoría una paradoja la posibilidad de estimular condiciones actitudinales como *Desapego* o *Entrega* (Conceptos y definiciones, apartado 12) a partir de la *Voluntad*, pero resulta prácticamente factible. Es tarea del meditador explorar las posibilidades de este recurso, hasta encontrar el equilibrio en su implementación que permita mantener un nivel de estructuralidad, necesario para asegurar la sustentabilidad del ejercicio, paralelamente a cierta flexibilidad que posibilite la restructuración evolutiva de la práctica a partir del acopio paulatino de experiencias.

Pensamiento

Resultante vivencial sintética emergente del despliegue conjunto de los *Mecanismos funcionales* y la *Voluntad*. Cuantitativamente definido por el nivel de desarrollo de la *Cognición*, y cualitativamente por la calidad del despliegue actitudinal. Condiciona el entendimiento humano y la calidad de su relación simbiótica con el *Cosmos*. Se estructura en base a una organización estratificada similar a la de la *Memoria*, en la cual las capas más profundas definen parámetros basales de referencia existencial, los cuales pueden ser beneficiosamente modelados a través del ejercicio meditativo.

9. Glosario de términos descriptivos

Defino a continuación conceptos que utilizaré para sintetizar las descripciones en general y la de las *Técnicas* en particular.

Anátomo fisiología energética

O *AFE*. Posible componente constitucional considerado por parte de algunos *Métodos*, formado por canales recorridos de cierto tipo de energía y nodos en los cuales estos confluyen. Podría ubicarse entre el *Cuerpo* y la *Mente*, y ser considerado tanto un emergente de la actividad funcional de aquel como una instancia diferenciada. La *AFE* influiría de forma retro alimentaria sobre la *Inteligencia corporal* en particular y en menor grado sobre las demás. Cada escuela, en relación a su procedencia conceptual, propone variaciones en la descripción de la *AFE*.

Elemento/s real/es

Objeto o condición de existencia concreta y carácter estático, constitutivo del *Ser humano* (*Sonido interno*, Apartado 36 por ejemplo) o ajeno a él (sonido ambiental por ejemplo).

Elemento/s real/es dinámico/s

Idem anterior con carácter dinámico.

Elemento/s proyectado/s

Entidad de existencia virtual y carácter estático, generada de forma voluntaria o involuntaria por el *Ser humano* mediante la conjunción de sus capacidades recordativa e imaginativa.

Elemento/s proyectado/s dinámico/s

Idem anterior con carácter dinámico.

Natural o Desarrollo natural

Proceso que transcurre sin intervención voluntaria del *Ser humano*.

Punto

Sector de menor dimensión plausible de ser definido y vivenciado a través de una *Inteligencia*.

Regla de selección

O *RS*. Norma para seleccionar los *Ejercicios* y todo criterio a aplicar en relación a la práctica meditativa, sobre la base del resultado práctico y objetivo que estos aportan, estrategia recomendada por sobre toda consideración teórica proveniente de cualquier fuente, incluidos este libro y la *Imaginación* del practicante.

SNC

Sistema nervioso central, compuesto por encéfalo y médula espinal.

Sesión/es

Dinámica comprendida entre el inicio de la *Instancia preparatoria* (Apartado 27) y la culminación de la *Instancia de finalización* (Apartado 29).

10. Atención

Mecanismo componente de la *Cognición*, que posibilita la parcial organización voluntaria de esta, e influye sobre la estabilidad del *Pensamiento* y el equilibrio de la *Tríada exterior*
Resulta el factor principal en el cual se basa el desarrollo de las *Técnicas*.
Definida según varios aspectos, en base a los cuales catalogo cinco modalidades atencionales tales como *Atención vulgar*, *Atención vulgar meditativa*, *Atención abstractiva*, *Atención concentrativa* y *Atención meditativa*.

Atención vulgar o AV, y Atención vulgar meditativa o AVM

Atención difundida de forma desordenada sobre los *Cinco sentidos*, la *Memoria*, la *Imaginación* y la *Intuición*[2], en relación a estímulos provenientes de *Elementos reales* y/o *Elementos reales dinámicos*[3], tanto constitutivos del *Cuerpo* y ubicados en su interior como externos al mismo y situados fuera de él, y/o *Elementos proyectados* y/o *Elementos proyectados dinámicos*. Cuando es modelada sobre la base de la *Voluntad*, resulta aplicable a la realización de *Ejercicios* meditativos básicos y se convierte en *Atención vulgar meditativa o AVM*, pudiendo revestir tendencia a desplegarse en mayor medida a través de un *Canal sensorial*[4]. *AV* y *AVM* resultan los contextos atencionales previos a la manifestación de *Abstracción*.

Atención abstractiva o AA

Atención difundida exclusivamente sobre los *Cinco sentidos*, necesariamente en relación con estímulos provenientes de *Elementos reales* externos al *Cuerpo* y situados fuera de él, posiblemente sumados a otros provenientes de *Elementos reales* constitutivos del organismo y ubicados en su interior. Puede demostrar tendencia a desplegarse en mayor grado a través de un *Canal sensorial*. Resulta el régimen atencional basal de *Abstracción*.

Atención concentrativa o AC

Atención difundida de forma exclusiva sobre los *Cinco sentidos*, ineludiblemente en relación a estímulos provenientes de *Elementos reales* constitutivos del *Cuerpo* y ubicados en su interior. Supone un rango comprendido entre el límite con

---

2   Ver *principales mecanismos funcionales asociados*, en el Apartado 8.

3   Ver *Glosario de términos descriptivos*, *Elementos proyectados y/o Elementos proyectados dinámicos,* en el Apartado 9.

4   Ver *Cinco sentidos*, dentro de *Principales mecanismos funcionales asociados,* en el Apartado 8

la *AA*, en el que intervienen simultáneamente los *Cinco sentidos*, y el extremo de contacto con la *AM*, representado por la captación de solo un *Punto* (*Punto, Glosario de términos descriptivos*, Apartado 9) a través de uno de los *Cinco sentidos*. Resulta el régimen atencional basal de *Concentración*.

Atención meditativa o AM

Atención replegada y difundida exclusivamente sobre la *Pulsión observadora*, la cual funciona como *Punto* de *Elemento real*. Resulta el régimen atencional basal de *Meditación*.

Los referidos estados atencionales se manifiestan de forma correlativa, y en niveles de práctica adelantados, el o los primeros pueden transcurrir de manera fugaz.

11. Estado meditativo

O *Estados meditativos* o *EM*. Son definidos contextos de ampliación cognitiva, que surgen en relación con determinados niveles de equilibrio logrados en las *Inteligencias*, generalmente a través la práctica de *Meditación*.

Diferencio el concepto de ideas tales como *Estado mental* o *Estado de conciencia*, debido a que el *EM* reviste particulares incumbencias y específicos alcances concernientes al ámbito meditativo, mientras que aquellos refieren nociones de otra naturaleza. De todas formas y desde una óptica de carácter general, podría atribuirse al *EM* el rótulo de *Estado existencial*.

Los *EM* comprenden cuatro grados específicos y correlativos de ampliación cognitiva (criterio emergente del *Yoga* y que reafirmo a partir de mi experiencia), conocidos en castellano como *Abstracción* (Apartado 57), *Concentración* (Apartado 58), *Meditación* (Apartado 59) y *Trascendencia* (recibe también otras denominaciones; Apartado 60), y en sánscrito respectivamente como *Pratyahara, Dharana, Dhyana* y *Samadhi*.

La manifestación de un *EM* significa un suceso de carácter sistémico, que involucra las cuatro *Inteligencias*, aunque se relaciona de manera especial con una de ellas.

Todo *EM* es medio (para la manifestación de sus beneficios asociados y como entrenamiento para acceder al subsiguiente), y fin (dado que su experimentación constituye una vivencia trascendental en sí misma).

Durante el despliegue de cada uno de los tres primeros *EM* (*Abstracción, Concentración* y *Meditación*), la estabilización supone un rango enmarcado entre un grado de manifestación básica, y uno avanzado que refiero como *Profundo* (*Pratyahara Profundo* o *Dhyana Profundo* por ejemplo), resultando en este último nivel cuando los *EM* aportan sus mayores beneficios y se convierten en plataforma sustentable para promover el paso hacia su respectivo subsiguiente. También cada uno de estos *EM* conlleva el despliegue de un estado atencional basal, y permite el ejercicio de otros de carácter más avanzado que este, excluyendo los de condición más básica. Así *Pratyahara* significa *AA* y permite *AC* o *AM*, *Dharana* supone *AC* y admite *AM*, y *Dhyana* se desarrolla exclusivamente en base a *AM*.

Pratyahara es prácticamente asequible por todo aquel que se lo proponga. *Dharana* requiere de un marco de práctica sostenida acompañada por un intenso proceso de desintoxicación psicofísica. *Dhyana* demanda la acentuación de las condiciones anteriores y un avanzado despliegue actitudinal. El contexto de *Samadhi* es un misterio, probablemente sólo revelado a quien tuviera acceso a dicho *EM*.

Los *EM* pueden también manifestarse a partir de otros incentivos diferentes de la *Meditación*, aunque esta posibilidad resulta baja y generalmente es necesario el ejercicio sostenido de la práctica meditativa para obtener su logro paulatino.

La expresión de los *EM* te permite lograr una gradual restructuración organizativa de todos tus componentes funcionales, proceso que acarrea paralelamente una evolución de tu relación simbiótica con el *Cosmos*.

12. Actitud

Definido y paradigmático contexto organizativo funcional de las *Inteligencias*, resultante de la proyección del *Amor*[5] a través de ellas.

Cada *Actitud* emerge exclusivamente de una *Inteligencia*, aunque su repercusión es sistémica, por lo cual se ve representada en un conjunto de simultáneos factores de carácter corporal, mental y consciente, mientras resulta el estímulo principal que facilita el despliegue de un específico *EM*.

La *Actitud* posee una faceta automática y otra voluntaria. La primera se relaciona con factores surgentes de la *Memoria*, los cuales determinan ciertos parámetros actitudinales establecidos en cada individuo. La segunda con la permisividad selectiva de tales emergencias, y la estimulación voluntaria de la difusión de la o las mismas, estrategia que durante el libro promuevo, tanto en su rol de complemento como en su función de eje para el despliegue de ciertos *Ejercicios*.

Las actitudes relacionadas al ejercicio meditativo son cuatro: *Humildad, Entrega, Valentía* y *Amorosidad*.

Humildad

Emerge de la *Inteligencia corporal* y facilita el despliegue de *Pratyahara*, evitando el desarrollo de posibles tendencias individualistas y fragmentarias.

Entrega

Emerge de la *Inteligencia mental* y facilita el despliegue de *Dharana*, estimulando el avance hacia la reconfiguración paradigmática del *Pensamiento*, de *Lingüístico* a *Simbólico*.

---

5   Componente inherente a la *Pulsión observadora*, germen actitudinal que promueve favorable tendencia unificadora en el *Ser humano*, tanto entre sus *Instancias* e *Inteligencias*, como entre sí y el *Cosmos*.

Valentía

Emerge de la *Inteligencia consciente* y facilita el despliegue de *Dhyana*, contrarrestando la tendencia al estancamiento provocada por la reacción instintiva de defensa, surgente ante la creciente noción de pérdida de identidad diferenciada.

Amorosidad

Emerge de la *Inteligencia observadora* y facilita el despliegue de *Samadhi*, funcionando como matriz conceptual de las demás.

Cada una de estas actitudes en el orden enunciado incluye a las precedentes, de manera que *Entrega* supone *Humildad*, *Valentía* conlleva *Humildad* y *Entrega*, y *Amorosidad* contiene a las tres anteriores.

13. Definición de Técnica

En el ámbito meditativo, el término *Técnica* suele ser utilizado de forma genérica tanto para señalar un ejercicio particular (concentración en sonidos internos por ejemplo) como un conjunto organizado de los mismos (*Vipassana*, *Meditación Trascendental*, *Zen*, etc.). A los fines de diferenciar los conceptos voy a utilizar *Técnica/s* o *Ejercicio/s* como sinónimo de lo primero, y *Sistema/s*, *Método/s* o *Escuela/s* de lo segundo.

Existen muchas y variadas *Técnicas* creadas a partir de las incesantes exploración y creatividad humanas.

Un *Método* es una codificación, una forma de organizar los *Ejercicios* según cierta dinámica definida, que responde en general al dictamen de un maestro o conjunto de los mismos, quienes habiendo alcanzado resultados propicios a partir de la aplicación de cierto criterio lo recomiendan. Todo *Sistema* resulta compatible en alto grado solo con una parcialidad de los practicantes, ya que la contextura psicofísica particular es condicionante de tal funcionalidad.

Tu natural tendencia definirá la afinidad que sientas por un formato de práctica regulado según el alineamiento con algún *Método*, o regido por la libre experimentación. Más allá del mecanismo que adoptes, es siempre coherente y productivo que reconozcas y estimes la referencia de quienes han demostrado erudición, y expresado de forma consecuente criterios avanzados.

14. Tipos de Meditación

Un amplio y heterogéneo grupo de variados *Ejercicios* y *Sistemas* es considerado habitualmente como *Meditación*, conjunto dentro del cual resulta común la finalidad fundamental, aunque difiere en muchos casos el criterio práctico, pudiendo incluso ser opuesto (por ejemplo en cuanto a la estaticidad del *Cuerpo* o al movimiento del mismo).

Debido a que estas diferencias externas pueden dar lugar a confusión respecto de cuestiones de condición esencial, evito describir los diversos *Métodos* existentes para centrarme en un paulatino delineamiento de carácter integrador, dentro del que la mayoría de las *Escuelas* se ven representadas.

El principal concepto de clasificación tradicionalmente aceptado divide las técnicas en *Contemplativas* y *Concentrativas*, criterio que considero coherente aunque incompleto y poco exacto, problemática que abordo en *Las Técnicas meditativas* (Apartado 40) donde propongo una alternativa para precisarlo.

Consideraciones Prácticas

15. Dónde

La *Meditación* puede ser realizada en diversidad de espacios. De todas formas lo más recomendable es que efectúes tu práctica siempre en un mismo sitio, exclusivamente destinado a dicho fin. Un recinto silencioso, sereno, íntimo, preservado de posibles interferencias, acondicionado convenientemente y donde te encuentres a gusto.

Cuida el lugar.

Ventílalo diariamente para asegurar la renovación del aire.

Procura su higiene detallada, tanto para minimizar la presencia de elementos que puedan resultar inconvenientes (polvo ambiental, insectos, etc.), como para incentivar tu buena predisposición a través del ejercicio mismo de la limpieza.

Considera el equilibrio visual. En cuanto a la iluminación lo más aconsejable es la tenuidad. Si eres carente de visión, busca una distribución espacial que te sugiera armonía.

Respecto de la sonoridad, el silencio predominante es la condición ideal, aunque en general el entorno determina este aspecto y define un umbral de sonido al que deberás habituarte, sin inquietarte si el mismo es en principio aparentemente desfavorable ya que luego de cierto tiempo de adaptación pasará inadvertido. Cuanto puedas prescinde de elementos que generen ruido como relojes, luminarias que contengan reactancias, etc. Si eres falto de audición, contempla de todas maneras estas recomendaciones ya que toda vibración sonora te influye también de forma *Cinestésica*.

Si tu posibilidad fuera la de utilizar un ambiente de uso más general y/u ocasional, escoge un sector del mismo en el que puedas desplegar cómodamente los *Accesorios* (Apartado 18), y ten en cuenta de todas formas las anteriores recomendaciones para adecuar el espacio de la mejor manera posible.

Algunas *Escuelas* consideran importante la orientación hacia la cual te ubicas. Según estos enfoques, colocarte de frente al punto cardinal Este es lo ideal, ya que propicia la recepción de cierto beneficioso influjo de carácter energético proveniente del sol, además de incluir connotación simbólica relacionada con la salida del mismo.

También hay *Métodos* que sugieren la existencia de cierta condición sutil, adicionada paulatinamente al ambiente conforme el transcurso del tiempo y la práctica sostenida en el mismo, que funcionaría luego de forma retro alimentaria, ejerciendo sobre los meditadores que desarrollaran allí sus ejercicios una influencia positiva.

Lo cierto es que más allá de cualquier consideración la *Meditación* puede ser practicada en cualquier lugar, y es aconsejable que ocasional o periódicamente ejercites en un ambiente completamente diferente del que utilizas de manera regular, por ejemplo un paisaje natural (cuida en este caso la exposición a posibles agentes de dispersión como temperatura, solarización excesiva, animales peligrosos, etc.) u otra sala.

16. Cuándo

Toda hora puede ser buena para meditar.

En este sentido debes definir tu mejor posibilidad según la RS, y variables particulares como afinidad, mejor rendimiento psicofísico, posibilidad de organización personal, etc.

De todas formas la práctica matinal es en general la más productiva y sugerida. Es recomendable que la efectúes antes de desayunar (tanto de inmediato al levantarte como posteriormente a la consumación de alguna otra tarea que debas o quieras concretar), aunque puedes plasmarla luego si te resultara favorable. En todo caso es conveniente que todo quehacer que desarrolles antes de tu *Sesión*, lo realices focalizando parte de tu *Atención* en factores como tu *Respiración* o movimiento corporal por ejemplo, para sentar un precedente de estabilidad atencional útil durante la práctica específica.

Diagrama tu organización matinal de forma que todas las actividades (higiene personal, *Meditación*, desayuno, etc.) previas al inicio de tu jornada laboral (o lo que corresponda), puedas efectuarlas de forma serena. Levantarte temprano te permite disponer de lapsos adecuados para evitar apuros.

Algunos *Sistemas* sugieren iniciar alrededor de las cinco de la mañana, considerando que a esta hora se suman favorables condiciones como mayor estabilidad de las *Inteligencias*, silencio circundante y cierto propicio ambiente vibracional de carácter telúrico.

Si practicas antes de acostarte es probable que tus horas de sueño necesarias disminuyan, aunque si padeces insomnio esta opción puede resultarte inconveniente.

Si en cambio ejercitas durante el día o por la noche, procura que sea transcurrida como mínimo una hora a partir de las comidas importantes.

Respecto de la periodicidad, lo ideal es la regularidad diaria y horaria a régimen de una o más *Sesiones* al día[6].

---

6   De todas formas en este aspecto, es también aconsejable que apliques la *RS*, y si tu posibilidad fuera la de realizar prácticas esporádicas, considera que también resultan beneficiosas.

Si tu rutina meditativa fuera matinal, y por algún motivo en alguna jornada te resultara dificultosa su realización durante este momento, efectúala de todas formas en otro horario a fin de sostener el régimen diario adquirido.

En cuanto a las prácticas suplementarias es aconsejable que las adiciones a las de rutina, manteniendo siempre la disciplina de estas últimas.

17. Cuánto

El tiempo que inviertes en tu *Sesión* es directamente proporcional a las posibilidades de logro.

De todas maneras normalmente este lapso se extiende entre lo ideal y lo posible, según la factibilidad otorgada por una sumatoria de variables relacionadas a tu contexto personal.

Para expresar tiempos referenciales objetivos, el período recomendado es siempre mayor de cuarenta y cinco minutos (alusivos exclusivamente a la *Instancia meditativa*, Apartado 28), aunque a partir de los veinte es cuando comienzan a ser considerables las probabilidades de obtener resultados.

Incluso si a causa de la dinámica particular de una jornada te resultara dificultoso implementar este tiempo, cinco minutos resultarían aceptables, y hasta uno. Por supuesto cada período condiciona la probabilidad de avance, pero sienta de todas maneras favorable precedente en relación a la generación de hábito.

Considera siempre que es más importante la mantención de la regularidad que la realización de prácticas esporádicas aunque sean extensas.

Conforme la evolución de tus posibilidades es razonable que aumentes paulatinamente el tiempo de permanencia.

También resulta beneficioso que realices ocasionalmente sesiones extendidas de mayor duración que las de rutina.

Para lograr aumentar la duración de tu práctica puedes, llegado el momento en que así lo necesites, recostarte unos minutos o realizar movimientos de estiramiento o incluso caminar lentamente, para luego retomar los *Ejercicios*. De igual manera que si precisaras ir al baño o atender una demanda que lo justifique, puedes dar lugar a este intermedio, durante el cual es aconsejable que mantengas la focalización de tu *Atención* por ejemplo en tu *Respiración*. En cada caso conforme particularidades, volverías durante este lapso a la *Instancia preparatoria* (Apartado 27), o incursionarías en los formatos *Práctica híbrida* o *Práctica heterodoxa* (*Tipos de prácticas*, Apartado 26).

Para definir la culminación apela al criterio expresado en los apartados *Instancia meditativa* (Apartado 28) e *Instancia de finalización* (Apartado 29).

Finalmente, resulta prioritaria la calidad de tu práctica (relacionada a los alcances obtenidos) por sobre su extensión.

18. Accesorios

Son elementos de carácter utilitario o simbólico, que favorecen la práctica y revisten influencia significativa sobre todo en etapas iniciales.

En cuanto a su composición, es aconsejable que cuanto sea posible estén confeccionados a partir de componentes naturales en lugar de sintéticos.

Si condiciones tales como procedencia o motivo estético revisten importancia para ti, puedes aprovechar este aspecto para sumar motivaciones.

Es recomendable que cuentes con tu propio set de *Accesorios*, apelando a la RS para definir su elección.

Manta para sentarse

Se trata de una manta sobre la cual sentarte y depositar los demás *Accesorios* que utilices. Genera noción de nucleamiento y disminuye la influencia de factores que pueden dispersarte, como rugosidades del suelo o desventajosa temperatura del mismo. Su dimensión promedio es de un metro por un metro y es conveniente que sea gruesa. Respecto del acomodamiento sobre ella, procura que aproximadamente dos tercios de su longitud queden frente a ti (como sector utilitario donde podrás depositar otros *Accesorios*), y en relación a los laterales busca la equidistancia.

Almohadilla para sentarse

Cojín que te permite armar y sostener las posiciones de manera más confortable y sustentable, sobre todo en etapas iniciales cuando permanecer correctamente sentado, a excepción de casos particulares, suele ser dificultoso. La elevación moderada de las caderas promovida por este *Accesorio* facilita la adopción y el mantenimiento de la postura, estimulando el alineamiento de tu columna vertebral y la eventual llegada de tus rodillas al suelo, minimizando la inversión de tensión muscular. Las dimensiones ideales de la almohadilla son variables y dependen de tu contexto y posibilidades. La altura debe ser tal, que estimule la verticalidad espinal sin afectar la lordosis lumbar; una dimensión inferior a la necesaria provoca exagerada flexión anterior e inversión elevada de esfuerzo muscular; una cota sobrepasada genera excesiva curvatura posterior. Puedes disminuir paulatinamente esta elevación a medida que tus caderas y rodillas se flexibilizan y la posición te resulta más confortable, hasta poder eventualmente prescindir por completo. Considera que este requerimiento de altura puede variar y modificarse en diferentes épocas, representando de todas formas un aspecto independiente del nivel que puedas alcanzar en tu práctica. En relación a su forma y diseño, debe permitir un apoyo equilibrado de ambos isquiones. Los materiales constitutivos también varían. Puede tratarse de un "Zafu" original, relleno de semillas y/o cascarillas (presta atención ya que los diseños más difundidos de estos pueden resultar un poco altos). Una manta de lana plegada suele tener buena consistencia y posibilidad de altura variable. Un almohadón puede ser un tanto blando. La espuma de látex vegetal da buenos resultados aunque se utiliza en general cuando la altura requerida es mínima. Si adoptas la *Posición del Diamante* (*Las piernas y los pies*, Apartado 22) y utilizas almohadilla, debes ubicarla entre tus glúteos y pantorrillas. Algunos métodos contemplan la utilización de pequeñas sillas de madera en reemplazo del cojín.

Indumentaria

En lo que refiere a este aspecto, los principales factores que debes considerar son el confort, la coherencia con el factor climático y la higiene. Respecto de la comodidad, lo recomendable es que selecciones prendas amplias y/o elásticas para facilitar fundamentalmente el posicionamiento de tus piernas. En cuanto a la función de abrigo procura que tu indumentaria sea adecuada para mantener la temperatura de tu *Cuerpo* dentro de parámetros que beneficien el equilibrio fisiológico. Es siempre favorable que tu ropa se encuentre perfectamente limpia. Los materiales constitutivos sugeridos son seda, algodón y lana.

Manta para cubrirse

Tela que se utiliza para cubrir el *Cuerpo* durante la práctica, con la finalidad de generar nociones de intimidad y nucleamiento, además de compensar temperaturas y limitar la escucha del sonido ambiental. Su tamaño debe ser tal, que incluso después de situada (desde la espalda hacia el frente) llegue al suelo. Si se apoya sobre los hombros cubre tronco y extremidades. Si descansa sobre la cabeza contiene el organismo completo, y en este caso debe cuidarse que la cara quede descubierta para asegurar una buena respiración. En cuanto a elementos componentes y criterio de higiene considera las mismas pautas que para la *Indumentaria*.

Instrumentos sonoros

El sonido es un excelente inductor de estados fisiológicos, mentales y de conciencia. En *Meditación* se utilizan fundamentalmente instrumentos como cuencos tibetanos y afines, y en menor grado vientos y percusiones de carácter originario. Pueden ser tocados con finalidad ritual para dar inicio y finalización formales a la *Sesión* o a la *Instancia meditativa*, o como eje para el desarrollo de determinados *Ejercicios*.

Elementos generadores de aroma

El aroma tiene importantes efectos sobre el *Cuerpo*. Las principales consecuencias son el resultado de la metabolización de ciertas sustancias y el desencadenamiento reflejo de emociones. Para que estos aspectos se desarrollen de la forma esperada, te recomiendo que utilices fuentes naturales como flores, aceites esenciales, maderas o sahumerios de buena calidad. Existen aromas estimulantes, sedantes y con efectos más específicos, incluso algunos que se consideran especialmente indicados para favorecer la práctica meditativa como el Incienso, la Mirra y el Roble. Como todo recurso el aroma debe ser administrado en su justa medida evitando excesos.

Otros Accesorios

El gusto también es un sentido orgánico aprovechado para la realización de ciertos *Ejercicios*, por lo cual los elementos estimulantes del mismo (fundamentalmente fuentes naturales vegetales que contengan sabores agradables) se cuentan dentro de este conjunto. Asimismo se consideran como *Accesorios* los objetos que ayudan a contabilizar, como "japamalas" o rosarios por ejemplo. Finalmente objetos que promueven un efecto sugestivo favorable a partir de cierto componente de connotación arquetípica que contienen, como velas o pequeñas lamparillas de aceite encendidas (el fuego que se utiliza también de forma específica en ciertas *Técnicas*) y recipientes de vidrio o cerámica con agua, así como piedras, cristales de roca, plantas, imágenes, etc.

Posición Física

19. La posición física

Utilizo los términos *Postura/s* y *Posición/es* para referirme a las disposiciones corporales específicas utilizadas en *Meditación*, que describo en los próximos apartados.

La importancia de la *Postura* se relaciona con su amplia influencia sobre diversos factores tales como:

Biomecánicos

Alineamiento espinal y estabilidad corporal con mínima inversión de energía muscular.

Fisiológicos

Equilibrio de los ritmos orgánicos, facilitación de la *Respiración*, reducción de la circulación sanguínea periférica en aras de la concentración sobre el *SNC* y estimulación del movimiento del líquido cefalorraquídeo entre otros.

Reflexológicos

Influencia de estabilidad sobre las demás *Instancias constitutivas* de la *Tríada exterior* a partir de la quietud del *Cuerpo*.

Las *Posiciones* se definen generalmente a partir de la arquitectura adoptada por diversas partes del *Cuerpo*, principalmente las piernas y los pies y en segundo término los brazos y las manos, con posibilidad de incluir también denominaciones de carácter simbólico.

A los fines de facilitar la catalogación, utilizo el criterio de categorización yóguico, considerando de todos modos la importancia de la comprensión de las *Posturas* por sobre su designación, para lo cual ejemplifico las descripciones con imágenes.

Corrientemente se relaciona al ejercicio meditativo con la *Posición* en la cual el practicante se halla sentado en el suelo con las piernas cruzadas, el tronco y la cabeza erguidos, los brazos flexionados y las manos unidas por sus palmas al frente del pecho (o las mismas extremidades extendidas con las manos sobre las rodillas), y los ojos cerrados, y si bien esta imagen es representativa de la generalidad, existen variadas posibles opciones.

Todas las *Posiciones* tratadas pueden ser armadas con o sin *Almohadilla para Sentarse* (*Accesorios*, Apartado 18).

El sostenimiento cómodo de la *Postura* por tiempo extendido es un factor de radical importancia para el adelanto de tu práctica, y la evolución en su armado es también sinónimo de mayor quietud.

Elige en base a tu exploración personal (*RS*) la combinación postural que te resulte más adecuada.

En todos estos casos y más allá de las consignas expresadas, si surgiera durante el ejercicio una pujante demanda espontánea de cierta ubicación diferente, puedes explorar la estrategia de permitir el *Desarrollo natural* de esta tendencia, la cual probablemente responda a un proceso que resulte productivo consentir, y finalice en el establecimiento de un estado de mayor organización que el inicial.

Los condicionamientos de salud pueden influir la decisión por cierta *Postura*, resultando factible permanecer sentado en una silla o acostado. Si bien en este tratado describo con mayor énfasis las más tradicionales, considera que las recientemente referidas (*Posiciones físicas opcionales*, Apartado 25) son plausibles de ser utilizadas, y sirven perfectamente para desarrollar la práctica meditativa, incluso si te faltara parte o la totalidad de alguna extremidad o más de una. Reorganiza todo lo dicho en este apartado y en los próximos hasta el 25 según tu posibilidad.

Las referencias a figuras expresadas en los siguientes apartados remiten a *Ejemplos gráficos de las posiciones* (Apartado 23).

20. El tronco y la cabeza

Tu tronco y cabeza deben permanecer erguidos. Los parámetros más importantes que debes considerar en este sentido son la verticalidad de tu columna vertebral y la tracción aplicada sobre la misma, aspectos que cobran natural optimización conforme el paulatino reordenamiento muscular.

El cuello es considerado a estos fines como parte del tronco.

Tu cabeza debe orientarse hacia el frente, con una inclinación anterior de pocos grados que permita la óptima colocación funcional de la región cervical-occipital.

Tus ojos pueden estar abiertos o cerrados según el ejercicio que estés practicando.

Tu boca ha de hallarse en general cerrada, aunque puede permanecer abierta si te resultara más cómodo.

Tu mandíbula y tu lengua deben mantenerse relajadas, aunque esta última puede también adoptar diversos acomodamientos tocando distintos puntos del paladar superior relacionados con la *AFE*.

21. Los brazos y las manos

Tus brazos pueden ubicarse en diversas posiciones, cada una de las cuales conlleva determinadas características y atributos. Las fundamentales son tres y a continuación las describo.

Brazos 1

Extendidos o semi flexionados, para permitir que las manos, muñecas o antebrazos apoyen sobre las rodillas. Posición de tendencia funcional que promueve estabilidad postural. (Figuras 1, 2, 4, 6 y 7).

Brazos 2

Elevados y flexionados, de forma que las palmas de las manos puedan unirse al frente de tu pecho. Promueve ordenamiento muscular del tronco. (Figura 5).

Brazos 3

Semi flexionados, para permitir la ubicación de las manos delante de la región inguinal. Promueve alineamiento espinal. (Figura 3).

La posición de las manos es un factor de influencia múltiple, y ciertos gestos realizados con las mismas (denominados *Mudra/s* en sánscrito) revisten carácter reflexológico y/o simbólico. El primer aspecto de tinte funcional contempla la influencia refleja sobre mecanismos fisiológicos y la *AFE*. El segundo, de orden convencional, emerge de diversas *Escuelas* las cuales asocian conceptos abstractos o filosóficos con determinados *Mudra*.

A continuación enumero y describo las posiciones de manos más utilizadas:

Manos 1

Relajadas en posición *Natural.* Palmas hacia abajo apoyadas sobre las rodillas (Figura 1). Palmas hacia arriba con el dorso de la mano apoyado sobre las rodillas (Figura 2). Promueve relajación general.

Manos 2

Yemas de pulgar e índice de la misma mano se tocan, mientras los demás dedos permanecen relajados, semi flexionados o extendidos totalmente, y las muñecas apoyan sobre las rodillas. Palmas hacia arriba (Figura 4). Palmas hacia abajo (Figura 6). Algunos sistemas proponen la primera ubicación para ser utilizada durante el día, y la segunda durante la noche, diferenciación que guardaría relación con cierta influencia generada por el sol y la luna sobre la *AFE.* Denominado *Jñana* en sánscrito estimula la concentración.

Manos 3

Palmas unidas frente al pecho en posición vertical, tanto en contacto con el mismo como a cierta distancia de él (Figura 5). Denominado *Pronam* en sánscrito promueve la experimentación de gratitud y devoción.

Manos 4

Una sobre la otra delante de la región pélvica, ambas con las palmas hacia arriba. Los antebrazos apoyados sobre los cuádriceps. (Figura 3). Según algunos métodos, es recomendable que la mano superior sea la derecha para los hombres y la izquierda para las mujeres, discriminación relacionada con la *AFE.* Denominado *Shiva* en sánscrito promociona receptividad. Una variante utilizada por algunos *Sistemas* se basa en el desplazamiento de ambas manos cada una hacia su lateral respectivo, mientras que las yemas de los pulgares se tocan de forma tal que entre estos y los índices se forma un espacio oval, modalidad representativa de los conceptos de vacuidad y unidad.

Aunque adoptes por afinidad determinado *Mudra*, es aconsejable que experimentes también los demás para vivenciar los estímulos específicos emergentes de cada uno.

22. Las piernas y los pies

En todas las opciones propuestas es aconsejable que tus rodillas toquen el suelo (a excepción de *Sukhasana*), o permanezcan a la menor distancia posible del mismo, caso en el cual puedes colocar un elemento lateral de apoyo sobre el que puedan descansar.

Algunos *Métodos* diferencian el armado para mujeres y hombres de las posiciones en las que un talón se ubica cerca del pubis, particularidad atribuida a cierta condición diferenciada de la *AFE* en ambos géneros. Según este criterio en *Samanasana* y *Siddhasana* el pie cercano al pubis recomendado será al derecho para ellas y el izquierdo para ellos.

Por lo común el nivel de estabilidad corporal que una *Postura* ofrece, resulta directamente proporcional a su dificultad de armado, respecto a la colocación de las piernas y los pies.

Enumero a continuación las más utilizadas, con su denominación castellana seguida de su nombre sánscrito.

Posición fácil o Sukhasana

Es la más accesible ya que requiere de condiciones biomecánicas generales. Las piernas cruzadas y relajadas. Las rodillas permanecen elevadas aunque alcanzan la menor altura posible. (Figura 1).

Posición del asceta o Samanasana

El talón de uno de los pies en contacto con el pubis (o lo más cerca posible del mismo). El otro pie apoyado inmediatamente delante del primero. (Figura 2).

Posición del iluminado o Siddhasana

El talón de uno de los pies en contacto con el pubis (o lo más cerca posible del mismo). El otro pie apoyado sobre el primero. (Figura 3).

Posición auspiciosa o Swastikasana

Los dedos de cada uno de los pies se insertan en el hueco poplíteo de la pierna contraria. De entre las posiciones aquí descriptas es la menos utilizada, aunque aporta un alto grado de estabilidad. (Figuras 4 y 4b).

Posición de media flor de Loto o Ardha Padmasana

El empeine de uno de los pies sobre el cuádriceps o la pantorrilla de la pierna contraria. (Figura 5).

Posición de Loto o Padmasana

El empeine de cada uno de los pies sobre el cuádriceps o la pantorrilla de la pierna contraria. (Figura 6).

Posición de diamante o Vajrasana

La parte anterior de las piernas inferiores y los empeines de los pies apoyados en el suelo, y los glúteos sobre los talones. Los talones pueden permanecer juntos, o separarse para dar lugar a un espacio que hace las veces de receptáculo de los glúteos. (Figura 7).

23. Ejemplos gráficos de las posiciones

Figura 1

Figura 2

Figura 3

Figura 4

Detalle figura 4

Figura 5

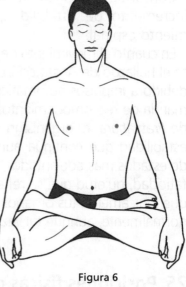

Figura 6

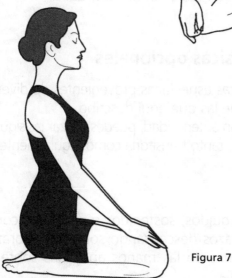

Figura 7

24. Eje de equilibrio y movimiento

El eje de equilibrio es una línea imaginaria perpendicular al plano horizontal que recorre el interior de tu tronco y cabeza, funcionando como referente en torno del cual se organiza la arquitectura variable de tu organismo.

En la dinámica de su determinación mecánica actúan y coaccionan el peso y la disposición de las masas corporales en torno de sí, tu fuerza muscular y tu posibilidad articular.

Conforme su paulatina definición empírica, notarás un incremento de estabilidad, relajación general y alineamiento espinal.

En cuanto al movimiento de tu *Cuerpo*, es probable que hasta el hallazgo de *Abstracción* (Apartado 57) sea considerable, debido a impulsos automáticos o acciones voluntarias en demanda de reacomodamientos y estiramientos. Una vez logrado *Pratyahara*, tu organismo adquiere un nivel sustentable de estabilidad que continúa aumentando conforme la sucesión de estados más adelantados, hasta lindar con la completa estaticidad, quietud que se refiere solo al aparato locomotor, ya que lógicamente tus órganos internos continúan funcionando normalmente, aunque tal vez a ritmos suavizados.

25. Posiciones físicas opcionales

Existen otras *Posturas* específicas provenientes de diversas tradiciones además de las que aquí describo.

Como he referido con anterioridad, puedes utilizar las siguientes si así lo necesitaras, tanto transitoria como regularmente:

Sentado en silla

Cabeza y tronco erguidos, sostenidos o apoyados contra respaldo. Los antebrazos descansando sobre apoyabrazos, o flojos con las palmas de las manos apoyadas sobre los cuádriceps o las rodillas.

Acostado

Boca arriba con los brazos a los costados del tronco. Las manos descansando en la superficie de apoyo (con las palmas hacia arriba o hacia abajo), o sobre las crestas ilíacas con las palmas hacia abajo.

Las *Posiciones de pie* son muy poco utilizadas, ya que disminuyen la estabilidad y requieren la aplicación de cierto nivel de *Atención* en el logro del equilibrio.

La práctica

26. Tipos de prácticas

Discrimino tres variantes de prácticas, en base al tipo y forma de implementación de los *Ejercicios* que incluyen, tales como *Práctica ortodoxa*, *Práctica híbrida* y *Práctica heterodoxa*.

Práctica ortodoxa

Aquella en la cual se practican *Técnicas meditativas* (Apartados 31, y 41 al 56) en *Postura* de *Meditación* (*La posición física*, Apartados 19 al 28), durante una misma *Sesión* (*Glosario de términos descriptivos*, Apartado 9) y en el mismo sitio (*Dónde*, Apartado 15).

Práctica híbrida

Aquella en la cual se practican *Técnicas meditativas* en *Postura* de *Meditación*, y/o *Ejercicios dinámicos* (Apartado 64) y/o *Prácticas complementarias* (Apartado 65), durante una misma *Sesión* y en el mismo sitio.

Práctica heterodoxa

Aquella en la cual se practican *Técnicas meditativas* en *Postura de Meditación*, y/o *Ejercicios dinámicos*, y/o *Prácticas complementarias*, y/o *Meditación en grupo* (Apartado 62), y/o *Ejercicios* modelados por el propio meditador, sin definición respecto de lapso o sitio.

En este libro desarrollo el formato de *Práctica ortodoxa*, la cual desgloso a su vez en *Instancia preparatoria* (Apartado 27), *Instancia meditativa* (Apartado 28) e *Instancia de finalización* (Apartado 29).

27. Instancia preparatoria

Período comprendido entre el comienzo de las tareas de preparación del entorno (*Dónde*, Apartado 15) y los *Accesorios* (Apartados 18) y el inicio de los *Ejercicios*.

Es aconsejable que abordes estas acciones aplicando cierto grado de *Atención* sobre aspectos como tu respiración o movimiento corporal por ejemplo, con la finalidad de comenzar a estimular el despliegue de *AVM* o *AA* (considera que puedes contar con *Pratyahara* manifiesto durante esta etapa).

Si demuestras además entusiasmo y gratitud respecto de este quehacer, promueves la generación de un incentivo anímico favorable.

Si te resulta agradable puedes utilizar un sonido (*Instrumentos sonoros*, *Accesorios*, Apartado 18), como indicador ritual del principio de esta etapa (o la finalización de la misma significando el pasaje a la *Instancia meditativa*), y/o realizar por ejemplo una reverencia acompañada de un *Pronam Mudra* (*Los brazos y las manos*, Apartado 21) con la misma finalidad.

Es importante que te asegures de haber logrado el acondicionado definitivo del lugar antes de pasar a la *Instancia meditativa*, para reducir las posibilidades de necesitar interferir la misma.

Cumplimentada entonces la *Instancia preparatoria*, puedes adoptar la *Posición* que hayas elegido y avanzar hacia la *Instancia meditativa*.

28. Instancia meditativa

Cuando inicias la práctica concreta de la primera *Técnica meditativa* (Apartados 31, y 41 al 56) da comienzo la *Instancia meditativa*.

Desgloso la *Instancia meditativa* en *Instancia meditativa básica* e *Instancia meditativa avanzada*.

Instancia meditativa básica:

Previa a la manifestación de los *EM*. En general durante etapas iniciales toda la *Instancia meditativa* transcurre solo en relación con este segmento. Se inicia en concordancia con la *Instancia meditativa*, y culmina tanto por el acaecimiento de la *Instancia de finalización* (Apartado 29) como por el advenimiento de la *Instancia meditativa avanzada*. Durante este nivel, los factores plausibles de ser tomados como indicadores referentes para dar inicio voluntario a la *Instancia de finalización* son los siguientes:

• Conformidad con el grado de equilibrio alcanzado.

• Emergencia de noción intuicional.

• Percepción sensorial, tanto prevista (amanecer, alarma de un reloj, etc.) como imprevista (solicitud por parte de otra persona, desencadenamiento de lluvia, etc.).

• Nivel de incomodidad física.

El factor que determina el pasaje hacia la *Instancia meditativa avanzada* es la manifestación de *Abstracción*.

Instancia meditativa avanzada:

Corresponde al lapso durante el cual se despliegan los *EM*. Esta etapa comienza con la manifestación de *Abstracción* y continúa mientras dure este u otro *EM*. Si emprendieras la *Instancia meditativa* contando con *Pratyahara* manifiesto, el evento significaría también el inicio de la *Instancia meditativa avanzada,* la cual culmina con el advenimiento de la *Instancia de finalización* o el retorno a la *Instancia meditativa básica*. Durante este nivel, los factores plausibles de ser tomados como indicadores referentes para dar comienzo voluntario a la *Instancia de finalización*, dependen en gran medida del *EM* en desarrollo y son en general los siguientes:

- Cumplimiento de las expectativas en cuanto al sostenimiento de un *EM*.

- Conformidad respecto del alcance de determinado *EM*.

- Emergencia de noción intuicional.

- Percepción sensorial (Idem *Instancia meditativa básica*).

- Nivel de incomodidad física.

Durante una misma *Sesión*, es factible la fluctuación repetida entre la *Instancia meditativa básica* y la *Instancia meditativa avanzada*.

Ambas etapas pueden tener una duración independiente de entre pocos instantes y varias horas.

Si durante la *Instancia meditativa*, interrumpieras tu práctica sólo por el lapso necesario para cumplimentar una específica demanda (llamamiento fisiológico, requerimiento de orden práctico, necesidad de estiramiento, etc.) para luego retomar el ejercicio, efectúas durante este tiempo, según particularidades, un retorno a la *Instancia preparatoria* o un traslado a los formatos *Práctica híbrida* o *Práctica heterodoxa*.

29. Instancia de finalización

Acaecida y aceptada la referencia indicativa, puedes iniciar la *Instancia de finalización*.

Esta etapa se caracteriza por el cambio de tendencia de tu *Atención* de centrípeta a centrífuga, lo cual sucede cuando dejas de insistir en las *Técnicas meditativas* para focalizarte en el proceso de extroversión de aquella, hasta alcanzar el régimen de *AA* o *AVM*.

La estrategia práctica que generalmente se aplica para dicho fin es aumentar paulatinamente la percepción sensorial, primero de factores internos como la *Respiración*, y luego externos como los sonidos ambientales.

Al finalizar este proceso *Pratyahara* puede continuar manifiesto, y de todas formas aunque este cesara su despliegue, es recomendable que procures mantener el máximo posible del equilibrio alcanzado en tus *Inteligencias*.

El tiempo de salida es en general proporcional a la duración y profundidad de la práctica, aunque en este aspecto también es beneficioso que procedas en base a la *RS*.

De todas formas, el lapso insumido por esta etapa representa una condición cuantitativa de importancia secundaria, respecto del aspecto cualitativo dado por el estado de equilibrio de tus *Inteligencias* a la finalización del proceso, en relación a los parámetros máximos alcanzados por estas durante la *Instancia meditativa*.

La *Instancia de finalización* culmina de forma sincrónica con tu práctica.

Es recomendable entonces que te incorpores lentamente y permanezcas en silencio unos minutos.

Puedes también realizar acciones corporales como estirarte, desperezarte, frotarte las manos y la cara, etc., que te permitan una placentera conexión con la actividad que te aguarde luego.

Si finalizada esta instancia persiste *Pratyahara*, ejercitas el formato *Práctica heterodoxa*.

30. Detalles sobre la práctica

Diversidad de aspectos relacionados al despliegue de la práctica:

- La evolución de las prácticas evidencia comúnmente variabilidades que pueden dar en ocasiones la sensación de retroceso, impresión que representa por lo general un registro de alcance parcial dentro de un contexto general de avance.

- La práctica resulta beneficiosa aunque solo se desarrolle en el ámbito de la *Instancia meditativa básica*.

- Durante la *Instancia meditativa básica* es probable que la estabilización sobre un determinado *Ejercicio* resulte dificultosa, y la práctica se desarrolle en base el involuntario acontecimiento sucesivo de diversas *Técnicas*.

- Conforme la experiencia, aumenta la capacidad de combinar de forma estratégica y fluida diferentes *Técnicas* y complementos, con lo cual se logra la gobernabilidad de la dinámica meditativa.

- El avance conlleva el aumento de la percepción diferenciada de los procesos asociados a cada *Inteligencia* y su particular repercusión sistémica.

- En el instante en que acontece un *EM*, la *Cognición* se amplía de forma particular dando la sensación de un "despertar", registro que se repite en cada nuevo advenimiento de *EM* más avanzado.

- El acaecimiento de un *EM* representa una experiencia de tal magnitud que incluye la total seguridad del suceso, y solo la certeza absoluta es sinónimo de hallazgo, debido a que la dimensión de la vivencia excluye cualquier tipo de duda.

- Puede una o varias *Técnicas* facilitar el logro de un *EM*, y ser estas mismas como otras las que posibiliten su sostenimiento.

- Es factible entrar y salir voluntaria o involuntariamente de un *EM* repetidas veces durante la *Instancia meditativa* de una misma *Sesión*.

- El logro de la estabilización de un *EM* y el alcance de su nivel *Profundo* requiere de la clara comprensión de sus características y requerimientos, lo cual solo puede ser concretado mediante la experimentación directa y generalmente paulatina del mismo.

- En el grado *Profundo* de un *EM* son vivenciadas nociones representativas del *EM* subsiguiente. Esto permite contar con un espacio empírico en el cual ciertas condiciones de ambos se superponen, lo cual posibilita la comprensión paulatina de la etapa sucesiva y facilita su abordaje.

- En niveles de práctica avanzados los lapsos correspondientes a los primeros *EM* son cortos o efímeros.

Las técnicas

31. Compendio de ejercicios básicos

Propongo en este apartado un conjunto seleccionado de las técnicas que mejor conjugan fácil acceso y elevada efectividad, explicadas de forma simple con la finalidad de que puedan servirte como guía sencilla.

Las mismas demuestran particulares condiciones de universalidad, y directa o indirectamente suelen ser propuestas por la mayoría de los métodos.

Su asequibilidad en absoluto significa limitados alcances, y generalmente por el contrario son importantes herramientas incluso para meditadores avanzados.

Previamente a su descripción, enumero los siguientes aspectos complementarios que puedes considerar para optimizar los resultados:

• Acondiciona el ambiente (*Dónde*, Apartado 15) y los *Accesorios* (Apartado 18).

- Adopta la *Posición* de *Meditación* (*Posición física*, Apartados 19 al 25) que hubieras elegido.

- Selecciona los ejercicios con los cuales encuentres mayor afinidad.

- Realiza durante todo el proceso respiración preferentemente nasal y abdominal, sin interferir el desarrollo natural de la misma.

- Combina si te resulta favorable al principio diversos ejercicios (*Percepción de la respiración* y *Percepción de la quietud*, por ejemplo), pero intenta conforme el avance concentrarte a cada momento y durante el mayor tiempo posible en la implementación de uno en particular.

- Procura una disminución sostenida de la actividad de tu memoria e imaginación[7], así como una ampliación constante de tu relajación, quietud corporal y calma mental.

- Busca que tu pensamiento deje de traducirse de forma dialéctica[8], aunque evita forzar este logro y apela a que tu mente encuentre la serenidad y el silencio de forma natural.

- Mantén la ecuanimidad ante pensamientos y/o estímulos provenientes de tus cinco sentidos[9].

Describo los ejercicios de manera general en relación a factores como la visión, la escucha, la emisión de sonido

---

7   El objetivo básico de los ejercicios es lograr disminución de la influencia de estos dos factores, en función del exclusivo fluir de tu atención a través de los cinco sentidos, contexto que una vez logrado se convierte en el primer gran logro en el camino meditativo.

8   La trascendencia del formato de pensamiento lingüístico, representa el segundo gran hallazgo en la evolución de tu *Meditación*.

9   Conservando el criterio para discriminar los llamamientos que ocasionalmente sí requieran de tu disponibilidad.

y la motricidad. Si tuvieras algún condicionamiento respecto de uno o más de estos aspectos, adecúa, si fuera necesario, la técnica que elijas a tu posibilidad. Aplica esta norma para todos los ejercicios propuestos a partir de este apartado inclusive hasta el final del libro.

A continuación, los ejercicios, ordenados según relativo (a tu afinidad con cada uno de los mismos) nivel creciente de potencial:

Afirmación[10]

Con los ojos abiertos o cerrados, repite mentalmente durante cada exhalación la frase "mi mente se aquieta". Procura vivenciar el dictamen enfocando tu atención en las sensaciones emergentes, y adecua la velocidad de expresión del mismo para que abarque la totalidad del referido semi ciclo respiratorio. Puedes utilizar otras frases como por ejemplo "me relajo profundamente", "silencio interno", "soy luz", etc., o incluso tu nombre o el de alguna divinidad relacionada a tus creencias.

Emisión de sonido y percepción de vibración

Con los ojos cerrados, emite durante toda la exhalación un sonido nasalizado mezcla de las consonantes N y G, manteniendo la mandíbula relajada mientras centralizas tu atención en la percepción de la vibración generada dentro de tu cabeza.

Mentalización de mantra

Con los ojos abiertos o cerrados, repite mentalmente el mantra Om durante cada exhalación, percibiendo cómo tu cuerpo paralelamente se relaja.

---

10   Puedes realizar una relativa práctica de estas técnicas paralelamente a la realización de otras tareas durante tu vida cotidiana.

Percepción del aquí y ahora

Con los ojos abiertos, presta atención simultánea al conjunto de registros sensoriales que representan el preciso instante que estás viviendo, por ejemplo la observación de tu entorno sumada a la escucha de los sonidos ambientales y a la percepción de tu respiración.

Escucha de sonidos ambientales

Con los ojos cerrados, escucha los sonidos ambientales, focalizando tu atención tanto en la totalidad como en una parcialidad definida de los mismos.

Relajación creciente

Con los ojos cerrados, difunde mayor relajación a tu cuerpo y serenidad a tu mente en cada exhalación, prestando atención al conjunto de sensaciones emergentes de esta dinámica.

Observación del campo visual

Con los ojos abiertos o cerrados, distribuye tu atención sobre la observación de la totalidad de tu campo visual, sin enfocar un sector particular del mismo. Si optas por ojos abiertos evita parpadear, influyendo relajación creciente a todo tu aparato de la visión.

Observación de un elemento

Con los ojos abiertos, observa un elemento concentrando tu atención sobre el mismo, y evita parpadear influyendo relajación creciente a todo tu aparato de la visión. El objeto puede abarcar diferente porcentual de tu campo visual, y cuanto menor sea este tamaño, mayor el potencial concentrativo. Puede tratarse por ejemplo de un sector de un paisaje natural, la imagen de una divinidad, la llama de una vela, etc.

Auto percepción

Con los ojos cerrados, presta atención a todo lo que a cada momento acontezca en tu cuerpo y/o en tu mente, de manera desidentificada como contemplando un despliegue ajeno a ti.

Percepción de la respiración

Con los ojos abiertos o cerrados (es preferible esta segunda opción), presta atención a tu respiración. Puedes optar por percibir el conjunto de sensaciones emergentes de la mecánica respiratoria como algún aspecto particular de la misma, tal como el tránsito del aire por las fosas nasales o el sonido generado por el paso de la misma cuando contraes los músculos de la parte posterior de la glotis, en ambos casos durante la exhalación.

Percepción conjunta de sucesos intra craneanos

Con los ojos cerrados, distribuye tu atención entre la escucha de los sonidos que puedes captar dentro de tu cabeza cuando te encuentras en un ambiente silencioso, la observación de las imágenes que se desarrollan en la región de tu frente, y la percepción de las sensaciones que detectes en dicha región corporal.

Percepción de la quietud

Con los ojos cerrados, focaliza tu atención en la percepción de una zona de quietud creciente ubicada en la región de tu frente.

Escucha de los sonidos internos

Con los ojos cerrados, focaliza tu atención sobre la escucha de los sonidos internos, que se perciben como un agradable zumbido dentro de tu cabeza cuando te hallas en un ambiente silencioso.

La somnolencia y el sueño pueden ser confundidos en etapas iniciales como experiencias meditativas; agudiza tu discernimiento para trascender esta posible equivocación.

Otro factor que influencia la calidad y resultados de tus prácticas, y sobre el cual es recomendable que voluntaria y paulatinamente trabajes es tu salud, tanto física como emocional y psíquica. Esto puedes realizarlo por ejemplo a través del mejoramiento de tu alimentación y descanso, la evolución de tus relaciones humanas, y la reestructuración de tus patrones de pensamiento. De todas formas la *Meditación* influye de forma favorable el progreso de estos aspectos, de lo cual resulta un mecanismo retro alimentario.

32. Recursos complementarios

Son elementos o estrategias en base a los cuales algunas *Técnicas meditativas* se desarrollan, tales como *Concepto visual* (Apartado 33), *Concepto auditivo* (Apartado 34), *Mecánica respiratoria* (Apartado 35), *Sonido interno* (Apartado 36) y *Referencia cronológica y espacial* (Apartado 37).

Contabilizo también dentro de este conjunto los *Ejercicios respiratorios* (Apartado 38), aunque evito utilizarlos debido a que considero requieren de supervisión personalizada para su aprendizaje seguro.

Si hallaras particular identificación con alguno de los mismos, te recomiendo ampliar su conocimiento tomando clases presenciales con instructores idóneos.

33. Concepto visual

O *Concepto visualizado* o *Conceptos visualizados*.

Son trazados de raíz geométrica que generan un efecto abstractivo y/o concentrativo al ser contemplados.

Denominados en sánscrito como *Mandala/s* cuando revisten tendencia pictórica y *Yantra/s* cuando evidencian propensión geométrica, conllevan en general cierto simbolismo arquetípico.

Los hay con orientación figurativa o abstracta, así como multicolor o monocromática. Asimismo pueden estar constituidos por formas geométricas simples (como un circulo o un triángulo), o por evolucionados trazados.

Según algunas *Escuelas* el propio ejercicio de dibujarlos puede representar una práctica meditativa.

Las técnicas basadas en la visualización de *Mandala* o *Yantra* buscan aprovechar el efecto sugestivo que estos producen, tanto a partir de su observación objetiva como *Elementos reales*, como a través de su visualización bajo el formato de *Elementos proyectados* luego de haber sido memorizados.

Muestro a continuación tres *Yantras* monocromáticos, representativos por su notable efecto.

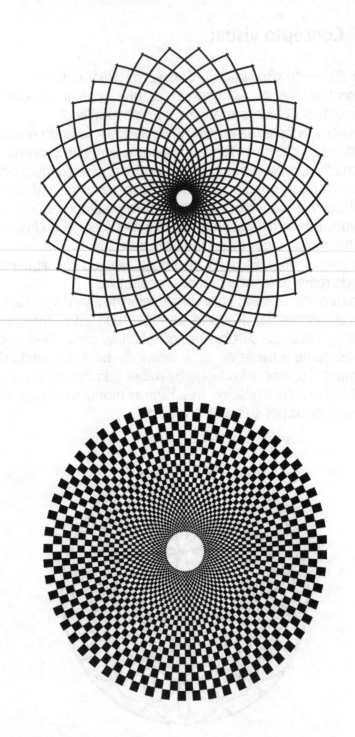

34. Concepto auditivo

O *Conceptos auditivos.*

Tradicionalmente conocidos por su definición sánscrita de *Mantra/s*, son *Elementos reales*[11] o *Elementos proyectados*[12] de carácter auditivo, que pueden incluir referencia objetiva o simbólica a diversos conceptos.

Cada tradición meditativa adopta sus propios *Mantras*, los cuales varían en función de la lengua de origen y la base filosófica de referencia, aunque confluyen generalmente en aspectos conceptuales.

Los más simples son vocales o consonantes o combinaciones de ambas, sostenidas en una nota, como el caso del *Om*, *Mantra* que ha adoptado carácter transcultural y resulta arquetípico en su concepción, ya que promueve la expresión vivencial y sintética de aspectos como gratitud, entrega y conciencia de unidad.

Los que poseen línea melódica pueden incorporar texto definido, como basar su transcurso en vocales o consonantes.

Asimismo, los que se despliegan en relación a texto pueden discurrir de forma melódica o monocorde.

Los *Mantras* como *Elementos reales* o *Elementos proyectados* se basan solo en una vocal o consonante monocorde, mientras que como *Elementos reales dinámicos* o *Elementos proyectados dinámicos* se despliegan en base a más de una letra y/o nota.

En *Mantras* muy específicos varían generalmente las condiciones foniátricas utilizadas.

Algunos *Métodos* consideran que ciertas palabras (sobre todo en lenguas originarias) y/o melodías poseen un efecto metafísico adicional.

En relación a su influencia vibracional concreta sobre el *Cuerpo*, es importante considerar que las notas agudas ten-

---

11   Cuando son emitidos mediante el aparato fonador, situación en la que pueden ser percibidos tanto por vía auditiva como cinestésica (en relación a la vibración generada por el sonido en el *Cuerpo*).

12   Si son repetidos en silencio, modalidad considerada aún más potente que la anterior por algunas *Escuelas*.

drán acción preponderante sobre zonas más altas del mismo y viceversa las notas graves.

Existen tipos más específicos de *Mantras* como los de repetición rápida, denominados *Japa* en sánscrito, cuya finalidad es estimular la *Concentración*.

En este tratado propongo solo ejemplos basados en el *Om*, y dado que existen variantes en el criterio de pronunciación del mismo, explico a continuación detalles de la forma que considero más adecuada:

Om como Elemento real dinámico

- Permite que tu mandíbula descienda de forma relajada y *Natural*, mientras tu boca permanece levemente abierta y tu lengua descansa sobre el paladar inferior.

- Inhala por nariz realizando *Respiración completa* con preponderancia *Diafragmática* (*Respiración, Principales mecanismos funcionales asociados*, Apartado 8).

- Exhala lentamente por boca manteniendo la posición de la misma, mientras emites un sonido que combina las vocales *A* y *O*.

- Dirige el sonido hacia el centro de tu cráneo, insistiendo en la riqueza armónica del mismo por sobre su volumen.

- Llegado el momento preciso (según se trate de *Om continuo* u *Om Japa*) cierra suavemente la glotis para nasalizar el sonido que se convertirá en la conjunción de las consonantes *N* y *G*, sin modificar la posición de tu mandíbula y labios.

- Para *Om continuo*, realiza la nasalización una vez transcurrido la mitad del tiempo total de la exhalación y mantén así hasta la finalización de la misma.

- Para *Om Japa*, realiza sucesivos y rítmicos aperturas y cierres de la glotis para lograr la repetición durante toda la exhalación.

- Durante la primer etapa de emisión, cuando predominan las vocales *A* y *O* y la glotis se halla abierta, es recomendable que mantengas la nasalización y resonancia intra craneana del sonido, de forma idéntica a como sucede en la segunda.

- El ciclo completo debe durar el tiempo que tu capacidad respiratoria posibilite. Para ampliar este lapso puedes aplicar la estrategia de sostener la expansión del abdomen, tanto en la fase de inhalación como en la etapa de exhalación.

Om como Elemento proyectado dinámico

- Modela *Om contínuo* u *Om japa* como *Elemento proyectado dinámico*, considerando como referencia las indicaciones dadas en *Om* como *Elemento real* o *Elemento real dinámico*.

- El *Om continuo* como *Elemento proyectado* puede extenderse sin interrupción y por tiempo indeterminado a través de varios ciclos respiratorios.

35. Mecánica respiratoria

La respiración pulmonar conlleva movimientos del *Cuerpo* y un eventual sonido asociado, generado por el paso del aire cuando se contraen los músculos de la parte posterior de la glotis, elemento que denomino *Sonido respiratorio*. Dichos movimientos resultan aptos para ser tomados como elementos sobre los que focalizar la *Atención*.

La percepción de algún aspecto de la *Mecánica respiratoria* resulta tal vez el recurso complementario más aplicado, y es una estrategia utilizada para la modelación de *Técnicas* por la mayoría de las *Escuelas*, potencial que se debe a un conjunto de atributos a saber:

- *Elemento real* de ubicación intra corpórea.

- Condición dual de estímulo sensorial, cinestésico y auditivo.

- Su ritmo se relaciona directamente con el equilibrio de la *Inteligencia corporal*.

36. Sonido interno

O *Sonidos internos*.

Denominados *Anahat* en lengua sánscrita, se trata de un conjunto de sonidos generados por la mecánica orgánica que se perciben dentro de la cabeza.

Fundamentalmente relacionados con la circulación sanguínea, a lo cual deben su denominación originaria relacionada con la *AFE*, dado que *Anahata* es el nombre del nodo de energía o *Chakra* que se encontraría ubicado en la zona del corazón.

Desde antiguo están catalogados por los yoguis y serían un total de siete, cada uno con sus propios atributos y ciertos niveles de sensibilidad e introspección requeridos para su percepción. A los fines de este tratado considero suficiente hacer referencia conjunta a ellos.

Lo más probable es que hayas percibido alguna vez los más accesibles en forma de zumbido, al hallarte en un sitio con importante silencio circundante.

Dadas sus tantas condiciones favorables lo considero uno de los más potentes *Recursos complementarios*, particularidad otorgada por la combinación de los siguientes atributos:

- *Elemento real* de ubicación intra corpórea.

- Emplazamiento intra craneano, lo cual estimula la focalización del trabajo concentrativo y consecuente promoción de la *Circulación sanguínea* en el encéfalo, así como el reforzamiento de la tendencia centrípeta de la *Atención*.

- Estructura estratificada que facilita la ejercitación progresiva y escalonada.

- Condición dual de estímulo sensorial, principalmente auditivo y en segundo término cinestésico.

Cuando se enfoca la *Atención* sobre la resultante general de los mismos o sobre uno de ellos en particular funcionan como *Elemento real*; si en cambio se perciben algunos alternadamente funcionan como *Elemento real dinámico*.

37. Referencia cronológica y espacial

O *Referencias cronológicas y espaciales*.

Muchas *Escuelas* contemplan los conceptos de *Presente* y *Aquí y ahora*, tanto como ejes para el desarrollo de algunas *Técnicas* como complementos reforzadores de otras.

El *Presente* refiere a un grupo de *Elementos reales* representativos de la precisa situación instantánea vivenciada (*Mecánica respiratoria*, sonido ambiental, campo visual, sensaciones táctiles, etc.), sobre los que se despliega la *Atención*, en un contexto que supone también mínima o nula influencia de la *Memoria* y la *Imaginación*, condiciones en este contexto representativas del pasado y del futuro respectivamente.

El *Aquí y ahora* resulta un planteo similar al anterior, aunque contiene cierta alusión específica de carácter espacial, que lo relaciona en mayor medida con referencias provenientes del exterior del *Cuerpo*.

38. Ejercicios respiratorios

Denominados *Pranayama* en lengua sánscrita, son utilizados por la mayoría de los *Sistemas.*

A partir de su influencia sobre factores como la oxigenación y desintoxicación corporales y la estimulación de la *Sinapsis nerviosa*[13], promueven el equilibrio de la *Inteligencia corporal.*

Respiración y equilibrio de la *Tríada exterior* se influyen mutuamente, y es en esta posibilidad de afectar el estado de esta última a partir del control de aquella, que muchos *Ejercicios respiratorios* basan sus alcances. De todas formas la estrategia inversa de permitir el *Desarrollo natural* de la *Respiración* como un despliegue subordinado al estado de dichas *Inteligencias* resulta también una táctica viable, y es la que propongo en general en este libro (a excepción de *Técnica dinámica 3, Ejercicios dinámicos,* Apartado 64, la cual incluye una práctica respiratoria específica).

Evito ahondar en estos *Ejercicios* ya que considero requieren de supervisión personalizada por parte de instructores idóneos para su aprendizaje seguro.

39. Complementos estratégicos de las técnicas

Variados aspectos de factible modelación voluntaria que influyen sobre el resultado de los *Ejercicios.*

Se trata de: *Cuidado físico, Cuidado emocional y psíquico, Relajación, Dinámica respiratoria, Estaticidad corporal, Sostenimiento, Desapego, Ecuanimidad, Enfoque lúdico, Gratitud, Expectativa, Juicio valorativo* y *Táctica dinámica.*

Cuidado físico

Estrategia que influye de forma directa el estado de la *Inteligencia corporal,* e indirecta el de las demás. Variados

---

13   Ya que generan comúnmente una leve y transitoria alcalosis sanguínea mediante la hiperventilación, con el consecuente aumento de excitabilidad neuronal.

factores de diversa índole intervienen en su definición, algunos ante los cuales tu grado de responsabilidad es nula o baja (tales como enfermedades padecidas, accidentes, etc.), y otros donde tu nivel de compromiso es importante (como alimentación, descanso y terapéutica elegida) los cuales a continuación describo.

Alimentación

Factor de influencia predominante debido a que condiciona el despliegue fisiológico en general y sináptico en particular. Para lograr su mejoramiento puedes considerar el aspecto fundamental de consumir alimentos libres de productos químicos o procesos industriales y con alto poder nutritivo, en volumen tal que promueva la diligencia metabólica y resulte a su vez suficiente. Respecto de los líquidos resultan saludables el agua, los jugos de frutas y los tés e infusiones naturales. Puedes explorar diversos criterios específicos provenientes de variadas fuentes, siempre considerando la respuesta de tu organismo, la cual podrá incluso variar a lo largo de tu vida.

Descanso

Es importante que tengas la cuota suficiente para que tus ritmos fisiológicos se mantengan serenos y equilibrados. Debes regular tu dormir, de forma que te aporte la recuperación necesaria, aunque sin caer en excesos que puedan generarte somnolencia. Con el avance de tu práctica es posible que disminuya tu necesidad de horas de sueño. Acostarte temprano resulta beneficioso, ya que facilita la posibilidad de levantarte con el tiempo necesario para realizar tu práctica en el caso de que esta fuera matinal. Ocasionalmente puedes practicar habiendo dormido poco o nada, pero resulta desfavorable que sostengas esta condición por más de un día.

Higiene

Hábito que reviste influencia biológica y conceptual. Además del ejercicio diario y regular de las técnicas comúnmente reconocidas, es beneficioso que incorpores paulatinamente otras de carácter más específico, como algunos *Kriya* yóguicos (ejercicios de limpieza y depuración orgánica) que podrás aprender de instructores idóneos. Si realizas tu aseo personal antes del inicio de tu *Sesión* matinal, esta actividad podrá también colaborar en el despertar y la desaparición de la somnolencia, aunque procura evitar que te genere dispersión.

Terapéutica

En caso de que tu salud estuviera debilitada y fuera necesario recurrir a tratamientos, es recomendable que apeles a métodos que posibiliten el saneamiento de causas además de síntomas, y generen el mínimo posible de efectos secundarios tanto en el diagnóstico como en el procedimiento. Es fundamental que el sistema elegido posea una óptica integradora, y conciba al *Ser humano* como un sistema global, en el que cualquier afección representa el emergente de un conjunto de factores comprometidos (corporales, mentales y conscientes), contexto en el cual muy probablemente una misma causa genere variedad de síntomas distales. El impacto global de la salud física sobre el despliegue de la práctica es variable y relativo, ya que otros parámetros actúan para compensarla, mecanismo merced el cual puede resultar un contexto meditativo favorable incluso ante un cuadro de salud física desfavorable.

Cuidado emocional y psíquico

La calidad de tus relaciones humanas, las actividades que desarrollas y los sitios donde despliegas tus quehaceres son factores que inciden en el equilibrio de tus *Inteligencias*. Para lograr un estado adecuado y sustentable de estos ámbitos, es recomendable que procures sostener una profilaxis integral, basada en la certera toma de decisiones e implementación objetiva de las mismas en relación a los aspectos enunciados. Este mecanismo resulta viable conforme un elevado nivel de claridad racional e intuicional, condiciones a su vez promovidas por la *Meditación* de lo cual resulta un mecanismo retro alimentario.

Relajación corporal

El criterio general recomendado en *Meditación* es avanzar hacia un desarrollo creciente de este factor durante la práctica, ya que promueve el equilibrio de la *Inteligencia corporal* y facilita el centramiento de la *Atención*, mientras influye de forma refleja sobre *Mente* y *Conciencia*. Conforme el avance de tus ejercicios, es posible que se manifiesten zonas de tensión orgánicas cada vez más definidas, las cuales deberás atender entonces de forma específica para inducir su *Relajación*.

Dinámica respiratoria

Como fue expresado anteriormente, la *Respiración* generalmente utilizada en *Meditación* es nasal, diafragmática y *Natural*. De todas formas si tuvieses dificultad para respirar por nariz puedes hacerlo por boca sin que esto interfiera el avance de tu práctica. Resulta factible que mientras respiras de forma nasal, ocasional y espontáneamente tu *Respiración* marque tendencia mixta o bucal, situación ante la cual puedes permitir el *Desarrollo natural* de este proceso, el cual probablemente culmine en un retorno al formato inicial aunque en un régimen de mayor equilibrio. Merced el avance hacia estados avanzados notarás que el ritmo disminuye en velocidad y aumenta en estabilidad, proceso que continúa hasta un nivel en el que el aliento se hace apenas perceptible, el ciclo sumamente lento y el movimiento asociado a la mecánica respiratoria casi imperceptible.

Estaticidad corporal

Como fue referido con anterioridad, la quietud del *Cuerpo* influencia de forma refleja la estabilidad de otras *Instancias*. Para lograrlo debes sobreponerte voluntariamente a diversas demandas de movimiento que pudieran acontecer, e incluso a la incomodidad y/o dolor corporales, siempre dentro de límites razonables basados en tus posibilidades y sentido común.

Sostenimiento

La insistencia en la práctica por sobre el acaecimiento de ciertos llamamientos de finalización (*Instancia meditativa*, Apartado 28) que puedan ser ignorados sin perjuicio de alguna índole, permite extender la duración con la consecuente ampliación de posibilidades de obtención de los *EM*, y el entrenamiento paralelo del lapso de permanencia cómoda.

Desapego

Estrategia actitudinal provechosa, relacionada con la desidentificación respecto de diversos parámetros psicofísicos hasta el momento referenciales, en función del facilitamiento del despliegue y la aceptación de nuevos estados.

Ecuanimidad

Táctica propicia y necesaria, concerniente al posicionamiento equilibrado, constante, imparcial, ausente de valoración y reacción ante la dinámica del *Pensamiento*.

Gratitud

La experimentación de esta condición en relación a factores que posibilitan tu *Meditación*, como el *Cosmos*, tu *Cuerpo* y el lugar y los accesorios que utilizas, fomenta el desarrollo de un marco anímico favorable.

Enfoque lúdico

Estrategia correspondiente a la aplicación de un carácter lúdico a la práctica, lo cual contrarresta la *Expectativa*, evita cierta innecesaria solemnidad que acompaña a veces el ejercicio meditativo, posibilita un mayor nivel de disfrute y facilita la apertura hacia nuevas vivencias.

Expectativa

Mecanismo de influencia desfavorable relacionado con el grado de esperanza o deseo en cuanto a calidad y plazos de obtención de resultados. Se desarrolla en base a consideraciones de carácter teórico emergentes de la *Imaginación*, basadas en la aceptación de conceptos provenientes de fuentes a las que considera referentes. Si es exagerada actúa paradójicamente limitando la posibilidad de avance, ya que genera dispersión del foco de la *Atención* y excitación del *Cuerpo*, con la consecuente interferencia sobre las *Inteligencias*. Es factible reducir su influencia mediante la aplicación del *Enfoque lúdico*.

Juicio valorativo

Mecanismo de influencia desfavorable vinculado a la ponderación o menoscabo de ciertos considerandos, según conceptos generalmente adquiridos a partir de la aceptación teórica de consignas provenientes de fuentes a las que se ha otorgado crédito referencial. Este tipo de valoración especulativa resulta contraproducente dado que define una propensión psicológica fragmentaria, inversa a la concepción unificadora que caracteriza la *Meditación*. Cuando el *Juicio valorativo* es exagerado por tendencias tales como la obsesión o el fanatismo, puede anclar en la *Memoria del tercer tipo* (*Principales mecanismos funcionales asociados*, Apartado 8), generando un patrón de *Pensamiento* de notoria influencia limitante. Al iniciar la práctica es recomendable que estas creencias, generalmente de aspecto dualista tales como verdadero-falso, bueno-malo, espiritual-mundano, etc., cedan por completo su influencia en función de un *Desarrollo natural* de las experiencias.

Táctica dinámica

Estrategia que posibilita, durante el desarrollo de cualquier *Técnica*, la aplicación astuta de diversos *Actitudes* y/o *Complementos estratégicos*, e incluso de un nuevo *Ejercicio* reemplazante, sobre la base de la captación de sutiles emergencias que resultan sugerentes del óptimo próximo de estos a implementar. Una vez detectado este factor guía, es aconsejable librarlo a su *Desarrollo natural* para aplicar luego su referencia. Es necesaria una refinada sensibilidad perceptiva para captar dichos indicadores, que pueden provenir de cualquiera de las *Inteligencias* de la *Tríada exterior*.

40. Las Técnicas meditativas

Son *Ejercicios* que estimulan el equilibrio de la *Tríada exterior*, con la finalidad de lograr la manifestación y sustentabilidad de los *EM*, generalmente sobre la base del direccionamiento voluntario de la *Atención* y/o la *Actitud*.

Dentro de este conjunto se considera usualmente un amplio grupo de *Técnicas* catalogadas según variados criterios, el más difundido de los cuales se refiere a la condición abstractiva (comúnmente referida como contemplativa) o concentrativa que las mismas revisten, asociando cada una a un determinado *EM* (*Técnica de Abstracción* o *Abstractiva* por ejemplo), idea que demuestra considerable nivel de certeza aunque resulta tradicionalmente indefinida respecto de los siguientes aspectos:

- Parámetros que limitan la categorización.

- Alcances de cada categoría en cuanto a posibles resultados.

- Inclusión de posibilidades más avanzadas.

Por tal motivo y para encuadrar esta pauta mediante los conceptos que en el libro expreso, enuncio la *Primera regla de catalogación*:

- Cuando una *Técnica* se basa en la aplicación de *Atención vulgar meditativa*, estimula la manifestación de *Abstracción* y puede ser considerada *Abstractiva*.

- Cuando una *Técnica* se basa en la aplicación de *Atención abstractiva*, promueve la sustentabilidad de *Abstracción* y la manifestación de *Concentración*, pudiendo ser considerada *Concentrativa*.

- Cuando una *Técnica* se basa en la aplicación de *Atención concentrativa*, promueve la sustentabilidad de *Concentración* y la manifestación de *Meditación*, pudiendo ser considerada *Meditativa*[14].

- Cuando una *Técnica* se basa en la aplicación de *Atención meditativa*, promueve la sustentabilidad de *Meditación* y la manifestación de *Samadhi*, pudiendo ser considerada *Trascendental*.

De todas formas la anterior formulación sólo discrimina cuantitativamente, y desatiende el amplio espectro de parámetros que intervienen en la modelación de las *Técnicas* además del formato atencional. Con el fin de adicionar una pauta cualitativa de mayor especificidad desarrollo la *Segunda regla de catalogación*:

"Toda *Técnica* resulta más avanzada respecto de sus pares, cuando la resultante conjunta de sus características demuestra mayor tendencia hacia la condición A":

- A – Mayor centripetismo del foco de *Atención* respecto del *Observador*.

---

14   De lo cual se deduce que el término *Técnica meditativa* conlleva doble acepción, tanto para señalar la generalidad de los *Ejercicios* como estos en particular.

- B – Mayor requerimiento actitudinal.

- C – Mayor requerimiento atencional.

- D – Mayor introspección de los *Cinco sentidos*.

- E – Mayor estaticidad del elemento apreciado.

- F – Mayor reducción de actividad de la *Memoria* y la *Imaginación*.

La complementación de las dos anteriores herramientas catalogativas posibilita la ponderación coherente de los *Ejercicios*, ya que incluye la mayoría de los parámetros que los representan.

Aplicando la *Segunda regla de catalogación* desgloso las *Técnicas* en dieciséis clases, ordenadas según aumentativo nivel posicional relacionado con esta norma[15], las cuales incluyen conceptos como *Proyección*[16], *Percepción*[17] y *Técnica mixta*[18].

Los *Ejercicios* que se diferencian solo por el *Canal sensorial* en relación al cual se desarrollan (Apartados 43 al 46 por ejemplo) demuestran el mismo posicionamiento jerárquico teórico, y la verticalidad aplicada en su enumeración emerge de la necesidad práctica.

A continuación las mencionadas categorías:

- *Proyección perceptiva de fluir Natural* (Apartado 41).

- *Proyección de Contabilización* (Apartado 42).

---

15   Aunque considero también para definir la exposición de las mismas el factor didáctico, con lo cual la aplicación de este criterio se ve modelada por esta disposición.

16   *Técnica* basada en la aplicación de *AVM* sobre *Elementos proyectados* y/o *Elementos proyectados dinámicos*.

17   *Técnica* basada en la aplicación de *AA* o *AC* o *AM* sobre *Elementos reales* o *AA* sobre *Elementos reales dinámicos*.

18   *Técnica* basada en la aplicación de *AVM* sobre *Elementos proyectados* y/o *Elementos proyectados dinámicos*, y *Elementos reales* y/o *Elementos reales dinámicos* de forma simultánea.

- *Proyección de base visual* (Apartado 43).

- *Proyección de base auditiva de Afirmación* (Apartado 44)[19]

- *Proyección de base auditiva* (Apartado 45).

- *Proyección de base cinestésica* (Apartado 46).

- *Percepción mixta* (Apartado 47).

- *Proyección perceptiva* (Apartado 48).

- *Percepción de base visual* (Apartado 49).

- *Percepción de base auditiva* (Apartado 50).

- *Percepción de base cinestésica* (Apartado 51).

- *Percepción mixta* (Apartado 52).

- *Inducción simpática* (Apartado 53).

- *Inducción actitudinal* (Apartado 54).

- *Replegamiento atencional* (Apartado 55).

- *Vivenciamiento cognitivo* (Apartado 56).

Para ponderar cualquier *Técnica* sobre la base de la *Primera regla de catalogación*, bastará con considerar el régimen atencional asociado a la misma.

Conforme su evolución, los *Ejercicios* confluyen en similitud y características mientras aumenta su simpleza estructural y dificultad práctica, debido a lo cual se reducen paralelamente en cantidad.

---

19   Discrimino este tipo de *Proyección de base auditiva* simplemente por requerir de un tratamiento particularmente extenso.

Mientras la práctica de una *Técnica* estimula el equilibrio de las *Inteligencias*, el estado alcanzado por estas puede afectar a su vez la condición de aquella, mecanismo que da lugar a una dinámica retro alimentaria, basada en la evolución del *Ejercicio* conforme el aumento de la concentración y el centripetismo de la *Atención*. Por ejemplo una *Percepción mixta* puede evolucionar en una *Percepción de base visual Concentrativa*, y esta a su vez en una *Percepción de base visual Meditativa*.

Concluyo que los *Ejercicios* que proponen el centramiento de la *Atención* sobre *Elementos reales* resultan más potentes que los que lo hacen sobre *Elementos proyectados*, lo cual probablemente se deba a que en el primer caso la *Voluntad* se aplica totalmente a sostener la focalización, mientras que el en segundo se divide tanto en dicho fin como en regular el despliegue imaginativo necesario. También que los del segundo grupo conllevan solo posibilidades *Abstractivas*, mientras que los del primero guardan potencialidades *Abstractivas*, *Concentrativas* o *Meditativas* según sus características particulares.

Todo *Elemento real* puede inspirar la modelación de un *Elemento proyectado*, y estimular paralelamente el pasaje de un *Ejercicio* de *Percepción* a uno de *Proyección*. Si bien esta estrategia dista de representar una evolución técnica, resulta en ocasiones prácticamente favorable para algunos practicantes, por lo cual es finalmente recomendable evaluarla de manera personal en base a la *RS*.

En los *Ejercicios* que admitan la aplicación de más de un criterio atencional, intenta utilizar el más avanzado.

Es favorable que selecciones *Elementos reales* y/o *Elementos proyectados* que te resulten agradables, y si tu *Meditación* revistiera carácter devocional, puedes relacionar estos con la corriente conceptual respectiva.

Podrás notar que la mayoría de las *Técnicas* son básicas herramientas descritas según conceptos de connotación sensorial, de acotada y modesta significancia en relación a la magnitud de la vivencia que representa la experimentación de un *EM*. Esta aparente paradoja se debe fundamentalmente a que estas sólo colaboran en la modelación del estado de las *Inteligencias*, proceso a partir del cual aumenta la probabilidad de manifestación de aquellos. Finalmente la ejecución de un *Ejercicio* sólo facilita la aparición del *EM* asociado (*Primera regla de catalogación*) sin garantizar su obtención, y es cada meditador quien sustrae diferentes resultados según sus propios alcances personales.

Más allá de todo lo expuesto, la estrategia personal más razonable que puedes aplicar para ponderar cualquier *Ejercicio*, es la evaluación empírica del mismo según la *RS*.

Considerando además que la *Meditación* es un arte dinámico, si comprendes los fundamentos de la misma y tienes el impulso creativo puedes generar y desarrollar tus propias *Técnicas* (*Auto gestión*, Apartado 71).

41. Proyección perceptiva de fluir *natural*

Técnica basada en la permisividad del *Desarrollo natural* de las emergencias provenientes de la *Memoria*, la *Imaginación* y los *Cinco sentidos*, y la aplicación de *AVM* sobre el conjunto de las mismas.

Es un *Ejercicio* de altísimo potencial abstractivo utilizado por la mayoría de los *Métodos*, convirtiéndose ocasionalmente incluso en eje conceptual de algunas *Escuelas*.

La estrategia de consentir el libre despliegue de los referidos mecanismos, se relaciona con la posibilidad de descomprimirlos, proceso que deriva en su serenamiento y consecuente facilitamiento de la estabilización de la *Atención*.

Es probable que merced el aumento del equilibrio de la *Tríada exterior* logrado a partir de la aplicación de esta *Técnica*, surja de este conjunto de estímulos un grupo definido de elementos, sobre los cuales resulte factible desplegar una *Proyección* o *Percepción*.

Para realizar este *Ejercicio* entonces, permite el *Desarrollo natural* de las informaciones provenientes de tu *Memoria*, *Imaginación* y *Cinco sentidos*, y aplica sobre los mismos *AVM*.

42. Proyección de Contabilización

O *Contabilizaciones*.

Representan el formato más básico de *Proyección*.

Son *Ejercicios* basados en la aplicación de *AVM* sobre *Elementos proyectados dinámicos* representados por una secuencia numeral de carácter visual, auditivo o mixto, pudiendo contener incluso componente cinestésico.

En la *Contabilización de base visual* tus ojos deben permanecer cerrados. Puedes elegir las condiciones de la imagen en cuanto a tamaño, forma, color y dinámica (los números pueden aparecer espontáneamente como emerger desde un *Punto* por ejemplo).

En la *Contabilización de base auditiva* lo más recomendable es que mantengas también tus ojos cerrados, aunque podrías si te resultara cómodo dejarlos abiertos. Puedes proyectar los números como si fueran nombrados o cantados, tanto con tu misma voz como con otra.

Define según tu preferencia el lapso para la cadencia, el cual se ubica generalmente entre uno y cinco segundos entre cada número.

El criterio matemático también es variable, y puedes utilizar suma, multiplicación, múltiplo, potencia, etc., aunque lo más recomendable es la cuenta de números naturales consecutivos lo cual permite mayor fluidez.

Una vez finalizada la secuencia tienes diversas opciones tales como culminar la *Técnica*, reiniciarla o descender la enumeración de forma regresiva.

En todos los casos modela los *Elementos proyectados dinámicos* según la consigna expresada, y aplica sobre los mismos *AVM* de tendencia visual, auditiva o mixta según el caso.

Ejemplos:

Contabilización de base visual

Proyecta la secuencia numeral que hayas seleccionado visualizando los números en blanco.

Contabilización de base auditiva

Proyecta con tu propia voz la secuencia numeral que hayas seleccionado.

Contabilización mixta 1

Proyecta con una voz ajena que te sugiera introspección, la secuencia numeral que hayas seleccionado visualizando también los dígitos en color blanco.

Contabilización mixta 2

Proyecta con tu propia voz la secuencia numeral que hayas seleccionado, visualizando también cada dígito con un color diferente (respetando en este sentido un orden periódico que hayas elegido) y sincronizando la cadencia con tu ritmo cardíaco.

Si además de aplicar alguno de los criterios expresados, pronunciaras concretamente los números a través de tu aparato fonador y captaras esta emisión a través de tu audición, la *Contabilización* se convertiría en *Proyección perceptiva* (Apartado 48).

43. Proyección de base visual

O *Visualización*, o *Visualizaciones*.
Ejercicios basados en la aplicación de *AVM* sobre *Elementos proyectados* o *Elementos proyectados dinámicos* de carácter visual.
Se enmarcan dentro cuatro posibles contextos a saber:
• *Proyección* de cualquier elemento diferente del propio *Cuerpo*.

• *Proyección* del propio *Cuerpo*[20] (o parte de él, o la *AFE*) como una relativa tercera persona.

---

20   Puedes utilizar la imagen de tu organismo tanto en su forma fiel, como modificada en relación a alguna característica que buscaras estimular, ubicado en postura de *Meditación* o en cualquier otra, incluso en movimiento.

- *Proyección* de un escenario contextual.

- *Proyección* de criterios anteriores combinados.

La *Energía* es también un difundido *Elemento proyectado* o *Elemento proyectado dinámico* utilizado tradicionalmente en *Visualizaciones*, y aunque su existencia es virtual se le atribuyen las siguientes condiciones: fluido gaseoso, blancuzco (en general, ya que puede tener otros colores), brillante y de condición purificante y vivificante; sinónimo: *Luz*.

El *Cuerpo* y relativamente la *AFE* son las únicas *Instancias* que pueden ser visualizadas en base a imágenes definidas, las demás (*Mente*, *Consciencia* y *Observador*) carecen de forma objetivable y son representadas en general como un esfera de *Energía*.

En todos los casos modela los *Elementos proyectados* o *Elementos proyectados dinámicos* según la consigna expresada, procurando vivenciarlos y aplicando sobre los mismos *AVM* de tendencia visual.

Ejemplos:

- *Proyección de base visual de Elemento proyectado dinámico 1*
  Cualquier elemento dinámico que te inspire armonía.

- *Proyección de base visual de Elemento proyectado dinámico 2*
  Tu *Cuerpo* caminando lentamente por la arena a la orilla del mar.

- *Proyección de base visual de Elemento proyectado dinámico 3*
  Tu *Cuerpo* volando a través de un cielo azul.

- *Proyección de base visual de Elemento proyectado dinámico 4*
  Tu *Cuerpo*, y un *Punto* de *Energía* ubicado en la zona de tu corazón que se expande paulatinamente hasta incluir por completo tu organismo en una esfera de

Luz, y continúa extendiéndose hasta los límites que tú decidas.

- *Proyección de base visual de Elemento proyectado dinámico 5*
  Tu *Cuerpo*, y un anillo de *Luz* que lo circunda mientras desciende lentamente desde la coronilla hasta los pies para luego ascender nuevamente.

- *Proyección de base visual de Elemento proyectado dinámico 6*
  El planeta Tierra girando lentamente e irradiando *Luz*.

- *Proyección de base visual de Elemento proyectado 1*
  Un color.

- *Proyección de base visual de Elemento proyectado 2*
  Cualquier elemento estático que te inspire armonía.

- *Proyección de base visual de Elemento proyectado 3*
  Tu *Cuerpo* quieto irradiando *Luz*.

- *Proyección de base visual de Elemento proyectado 4*
  El sol del amanecer o atardecer de un paisaje natural.

- *Proyección de base visual de Elemento proyectado 5*
  El cielo nocturno, despejado y pleno de estrellas.

- *Proyección de base visual de Elemento proyectado 6*
  Tu *Cuerpo* perfeccionado en sus formas, rejuvenecido e irradiando *Energía*.

- *Proyección de base visual de Elemento proyectado 7*
  Tu *Cuerpo* sentado en posición de *Meditación* sobre la arena a la orilla del mar.

- *Proyección de base visual de Elemento proyectado 8*
  Tu *SNC* irradiando *Luz*.

- *Proyección de base visual de Elemento proyectado de carácter devocional*
  La imagen de una divinidad relacionada con tus creencias.

- *Proyección de base visual de Elemento proyectado AFE*
  Tu circuito *AFE* irradiando *Energía*.

- *Proyección de base visual de Elemento proyectado Concepto visual*
  Un *Yantra* o un *Mandala* (*Concepto visual*, Apartado 33).

44. Proyección de base auditiva de Afirmación

O *Afirmación*, o *Afirmaciones*.

Ejercicios basados en la aplicación de *AVM* sobre *Elementos proyectados dinámicos* de carácter auditivo representados en dictámenes.

Admiten una amplia variedad de temáticas a las cuales referirse, si bien generalmente se las relaciona al estado de las *Inteligencias* y/o de las *Instancias constitutivas*, a la *AFE*, a la difusión de *Actitudes* o a *Referencia cronológica y espacial* (Apartado 37).

La velocidad para expresarlas es variable, aunque es aconsejable en este sentido que respetes el ritmo que significaría su serena pronunciación coloquial. Otra opción es que lo hagas de forma mucho más lenta, atendiendo a cada palabra e incluso a cada letra de forma específica.

La cantidad de veces que emites una *Afirmación* constituye también un factor a considerar, ya que la misma puede ser expresada una vez o varias, optándose generalmente en este último caso por tres, nueve o doce.

Las *Afirmaciones* que refieren a la *Tríada exterior*, aluden al estado de la misma o al de sus *Inteligencias* asociadas, debido a la condición mutable que estas presentan. Por otra parte, las relacionadas al *Observador* y/o su *Inteligencia* asociada, describen sólo difusión de influencia de estos componentes, obviando indicaciones sobre el estado de los mismos ya que se consideran en equilibrio constante. Es factible la posibilidad de conjugar ambas posibilidades en una misma *Afirmación*.

Las *Afirmaciones* pueden incluir referencias a elementos de carácter *visual* y/o *cinestésico*.

Cuando en una *Afirmación* se citan más de una *Inteligencia* o *Instancia*, el ordenamiento de la enunciación es indistinto, aunque se recomienda la correlatividad respecto del ordenamiento constitutivo, discurrida tanto en sentido *Inteligencia observadora-Inteligencia corporal* u *Observador-Cuerpo* como viceversa en ambas situaciones.

- En todos los casos modela las *Afirmaciones* según la consigna expresada, procurando vivenciarlas y aplicando sobre las mismas *AVM* de tendencia auditiva.

A continuación algunos ejemplos que conjugan las anteriores posibilidades.

- *Proyección de base auditiva 1*
  "Estoy en paz, sereno y relajado"

- *Proyección de base auditiva 2*
  "A partir de este momento en cada exhalación, mi *Cuerpo* se relaja y mi *Mente* se calma"

- *Proyección de base auditiva 3*
  "Mi *Mente* es un océano de tranquilidad".

- *Proyección de base auditiva 4*
  "Mi *Respiración* y mi ritmo cardíaco están serenos y equilibrados"

- *Proyección de base auditiva 5*
  "Todos los tejidos y sistemas de mi *Cuerpo* están relajados y en equilibrio"

- *Proyección de base auditiva 6*

"Mi Sistema nervioso central se relaja más en cada exhalación"

- *Proyección de base auditiva 7*
  "Estoy atento al *Presente*"

- *Proyección de base auditiva 8*
  "El influjo amoroso del *Observador* se difunde a mi *Conciencia*, a mi *Mente* y a mi *Cuerpo*"

- *Proyección de base auditiva 9*
  "Lo único que existe es este *Aquí y ahora* al que estoy atento"

- *Proyección de base auditiva 10*
  "En cada exhalación, este corazón y estos pulmones se relajan más y más, y sus ritmos se serenan y equilibran"

- *Proyección de base auditiva 11*
  "El *Cuerpo* está completamente relajado, la *Mente* serena y la *Conciencia* estabilizada y en paz".

- *Proyección de base auditiva 12*
  "Tú, cerebro, estás distendido y sereno, y te relajas de forma creciente en cada exhalación".

- *Proyección de base auditiva 13*
  "La *Memoria* y la *Imaginación* disminuyen de forma creciente su influencia mientras la *Mente* se calma".

- *Proyección de base auditiva 14*
  "Mis emociones fluyen libremente de forma *Natural*, se liberan y se limpian".

- *Proyección de base auditiva 15*
  "El *Cuerpo*, la *Mente* y la *Conciencia* están en equilibrio y plenos de *Energía*, canalizando la influencia amorosa del *Observador*".

- *Proyección de base auditiva AFE*
  "Mi circuito de circulación sutil está limpio, desbloqueado, y pleno de *Energía*".

- *Proyección de base auditiva de carácter metafísico*
  "Soy *Luz*, soy *Amor*".

- *Proyección de base auditiva de carácter actitudinal 1*
  "Soy humilde, entregado y valiente".

- *Proyección de base auditiva de carácter actitudinal 2*
  "Gracias *Cosmos* por la maravilla de la existencia".

- *Proyección de base auditiva de carácter devocional*
  "X[21] me acompaña, me guía y me protege".

Las *Afirmaciones* descriptas, como la mayoría, se utilizan sin condicionamientos en cuanto a formato de composición gramatical, y la consideración principal que en torno de ellas debes tener es el beneficio que estas te aporten, adaptando su estructura al mejor rendimiento empírico.

De todas formas puede suceder que contexturas psicológicas con marcada propensión examinativa, den lugar a la aparición de cierta tendencia dubitativa que debilite el efecto deseado. El basamento de la vacilación generalmente se fundamenta en cierta condición controversial inherente a las *Afirmaciones*, fundamentalmente las referidas a *Instancias* y/o *Inteligencias*, relacionada con la indefinición de determinados aspectos de las entidades y parámetros intervinientes en su manifestación.

Para atenuar este efecto indeseado, existe la posibilidad de contemplar algunas referencias que proporcionen un encuadre más definido.

La primera es la convicción de que el *Observador* es la *Instancia* desde la cual emana toda *Afirmación*.

---

21 Propone el nombre de alguna divinidad relacionada con tus creencias.

La segunda es la utilización adecuada de los verbos. Para enunciar las *Afirmaciones* relacionadas con la *Tríada exterior* se utilizan diversas conjugaciones de los verbos "ser" y "estar" en presente simple del modo indicativo, acompañados de adjetivos que expresan la condición propuesta.

El verbo "estar", de utilización más común, posee un nivel contextual elevado para referir condiciones *in situ*, por lo cual resulta adecuado para estimular manifestaciones inmediatas; "ser" en cambio sugiere un aspecto perenne, lo cual le da crédito como inductor de posiciones con menor nivel de prontitud pero mayor sustentabilidad.

El potencial meditativo de una *Afirmación*, definido por su efectividad práctica, es inversamente proporcional al grado de conflicto conceptual que la misma presenta en relación a la siguiente norma:

Una *Afirmación* presenta mayor efectividad y menor nivel de conflicto, cuando conlleva mayor referencia específica al, o a los sujetos intervinientes, mediante la utilización de pronombres personales o demostrativos, en oposición a las de carácter más abstracto.

A continuación ejemplos y opciones para el verbo "estar" en orden ascendente de nivel conflictual:

- *Proyección de base auditiva en tercera persona del plural con utilización de determinante demostrativo*
  "Este *Cuerpo*, esta *Mente* y esta *Conciencia* están serenos y en equilibrio".

- *Proyección de base auditiva en tercera persona del plural con utilización de determinante posesivo*
  "Mi *Cuerpo*, mi *Mente* y mi *Conciencia*, están serenos y en equilibrio".

- *Proyección de base auditiva en segunda persona del plural*
  "Vosotros, *Cuerpo*, *Mente* y *Conciencia*, están serenos y en equilibrio".

- *Proyección de base auditiva en primera persona del singular*
  "Estoy sereno y en equilibrio".

- *Proyección de base auditiva en tercera persona del plural*
  "*Cuerpo, Mente* y *Conciencia* están serenos y en equilibrio".

- *Proyección de base auditiva en tercera persona del plural y utilización del artículo en modo singular*
  "El *Cuerpo*, la *Mente* y la *Conciencia* están serenos y en equilibrio".

Ejemplo para el verbo "Ser":

- *Proyección de base auditiva basada en la utilización del verbo Ser*
  "Este *Cuerpo*, esta *Mente* y esta *Conciencia* son serenos y equilibrados".

Cuando una *Afirmación* refiere un proceso en lugar de un estado la denomino *Afirmación de proceso*.
Ejemplos:

- *Proyección de base auditiva Afirmación de proceso en tercera persona del plural*
  "A partir de este momento en cada exhalación y de forma creciente, *Cuerpo, Mente* y *Conciencia* se serenan y equilibran".
  Sugiere la inclusión del presente y del futuro.

- *Proyección de base auditiva Afirmación de proceso en tercera persona del plural y utilización del determinante posesivo*
  "Siempre en cada exhalación, mi *Cuerpo*, mi *Mente* y mi *Conciencia* amplían su serenidad y equilibrio".
  Sugiere un proceso que pudo haberse iniciado en el pasado, mientras incluye el presente y el futuro.

Cuando una *Afirmación* se basa en la utilización de la metáfora la denomino *Afirmación metafórica*.
Ejemplos:

- *Proyección de base auditiva Afirmación metafórica 1*
"Cada célula de este *Cuerpo* brilla como una estrella radiante".

- *Proyección de base auditiva Afirmación metafórica 2*
"Mi *Mente* es un océano profundo y calmo".

Cuando el verbo y el adjetivo pueden ser expresados sólo una vez, pero se apela a su nombramiento independiente y repetido con la finalidad de reforzar la efectividad, surge una *Afirmación de nombramiento individual*.
Ejemplos:

- *Proyección de base auditiva Afirmación de nombramiento individual en segunda persona del singular*
"Tú, *Cuerpo*, estás sereno y en equilibrio; tú, *Mente*, estás serena y en equilibrio; tú, *Conciencia*, estás serena y en equilibrio".

- *Proyección de base auditiva Afirmación de nombramiento individual en tercera persona del singular*
"La *Inteligencia corporal* está en equilibrio; la *Inteligencia mental* está en equilibrio; la *Inteligencia consciente* está en equilibrio".

Las *Afirmaciones* pueden ser también compuestas según formas gramaticales simples, tales como oraciones unimembres y sustantivos abstractos.
Ejemplos:

- *Proyección de base auditiva Afirmación como oración unimembre* (varias)
"*Cuerpo* relajado".

"Mente serena".
"Conciencia estabilizada".

- *Proyección de base auditiva Afirmación como sustantivo abstracto* (varias)
"Relajación".
"Serenidad".
"Estabilidad".
"Aquietamiento".
"Contemplación".
"Ecuanimidad".
"Paz".
"Amor".

En cuanto a las *Afirmaciones* que refieren al *Observador*, es coherente que se desplieguen en relación a la difusión de la influencia actitudinal del mismo sobre la *Tríada exterior* o sobre otros objetos, para lo cual se utilizan verbos que señalen dicha propagación.

Estas *Afirmaciones* pueden conformarse en primera o tercera persona. Cuando se realizan de la segunda forma conllevan la paradoja de auto alusión en tercera persona por parte del *Observador* y su *Inteligencia* asociada.
Ejemplos:

- *Proyección de base auditiva Afirmación referida al Observador con verbo en primera persona del singular*
"Mi *Amor* se difunde completamente en la *Tríada Exterior*".

- *Proyección de base auditiva Afirmación referida al Observador con verbo en tercera persona del singular*
"La *Inteligencia observadora* difunde su amorosidad hacia el *Cosmos*".

Cuando una *Afirmación* conjuga referencias de estado de *Instancias* y/o *Inteligencias*, y además difusión de influencia

del *Observador* y/o la *Inteligencia observadora,* la denomino *Afirmación mixta.*
Ejemplo:

- *Proyección de base auditiva Afirmación mixta*
  "La *Tríada exterior* está en equilibrio, canalizando plenamente la influencia amorosa del *Observador".*

Otra opción es la de *Afirmación extensa,* la cual supone un desarrollo amplio que puede combinar todas las anteriores referencias, y se despliega generalmente sobre la base de un detallado recorrido corporal o de la *AFE.*
A continuación un ejemplo:

- *Proyección de base auditiva Afirmación extensa*
  "Soy *Luz,* y los maestros me guían. El amor es mi referencia, y agradezco al *Cosmos* por la maravilla de la existencia. Más y más en cada exhalación mi *Consciencia* se estabiliza y mi *Mente* se calma. Mi *Cuerpo* experimenta un proceso de reequilibrio constante. Se relaja de forma creciente cada parte del mismo. Los pies, piernas, caderas y cintura. La zona genital, el abdomen y el tórax. Los hombros, brazos y manos. El cuello y la cabeza. La mandíbula, los ojos, el cuero cabelludo. Todos los músculos, huesos y órganos; la sangre. El sistema nervioso y en particular el cerebro…".

Todas las anteriores variantes dan como resultado diversas posibilidades de conjugación.
Cada idioma proporciona diferentes posibilidades para la conformación de las *Afirmaciones,* motivo por el cual las reglas anteriores deben adecuarse a cada lengua.

45. Proyección de base auditiva

Ejercicios basados en la aplicación de *AVM* sobre *Elementos proyectados* o *Elementos proyectados dinámicos* de carácter auditivo.

Criterio de repetición *Idem* al expresado en *Proyección de base auditiva de Afirmación*.

Puedes realizar estas *Técnicas* con ojos abiertos o cerrados, resultando más recomendable la segunda opción.

En todos los casos modela los *Elementos proyectados* o *Elementos proyectados dinámicos* según la consigna expresada, procurando vivenciarlos y aplicando sobre los mismos *AVM* de tendencia auditiva.

Ejemplos:

- *Proyección de base auditiva de Elemento proyectado dinámico Concepto auditivo Om contínuo u Om Japa*
  Om contínuo u *Om Japa* de la forma indicada en *Concepto auditivo* (Apartado 34).

- *Proyección de base auditiva de Elemento proyectado dinámico Concepto auditivo devocional*
  Un *Mantra (Concepto auditivo)* que resulte afín a tus creencias.

- *Proyección de base auditiva de Elemento proyectado dinámico Propio nombre*
  Tu nombre, tanto como si lo pronunciaras como si lo cantaras con tu propia voz.

- *Proyección de base auditiva de Elemento proyectado dinámico Naturaleza*
  Sonidos de la naturaleza que te sugieran armonía.

- *Proyección de base auditiva de Elemento proyectado o Elemento proyectado dinámico Sonido*

Cualquier sonido, constante o fluctuante que te sugiera armonía.

* Proyección de base auditiva de Elemento proyectado Sonido simple
Una vocal o consonante sostenida en la misma nota.

46. Proyección de base cinestésica

Ejercicios basados en la aplicación de *AVM* sobre *Elementos proyectados* o *Elementos proyectados dinámicos* de carácter olfativo, gustativo o táctil.

Puedes realizar estas *Técnicas* con ojos abiertos o cerrados, resultando más recomendable la segunda opción.

En todos los casos modela los *Elementos proyectados* o *Elementos proyectados dinámicos* según la consigna expresada procurando vivenciarlos, y aplica sobre los mismos *AVM* de tendencia cinestésica.

Ejemplos:

* *Proyección de base cinestésica de Elemento proyectado dinámico olfativo*
Un aroma que te resulte agradable y expansivo.

* *Proyección de base cinestésica de Elemento proyectado dinámico gustativo*
Un sabor que te resulte agradable y expansivo.

* *Proyección de base cinestésica de Elemento proyectado o Elemento proyectado dinámico táctil*
Una sensación táctil que te resulte agradable, tanto superficial (piel) como interna (órganos, músculos, etc.), manteniéndola en un mismo sitio o trasladándola lentamente a través de tu *Cuerpo*.

47. Proyección mixta

Ejercicios basados en la aplicación de *AVM* sobre *Elementos proyectados* y/o *Elementos proyectados dinámicos* que incluyan simultáneamente dos o más vías sensoriales.
Puedes realizar estas *Técnicas* con ojos abiertos o cerrados, resultando más recomendable la segunda opción.

En todos los casos modela los *Elementos proyectados* y/o *Elementos proyectados dinámicos* según la consigna expresada procurando vivenciarlos, y aplica sobre los mismos *AVM*.
Ejemplos:

- *Proyección mixta 1*
  Afirma "Soy *Luz*", mientras proyectas la imagen de tu *Cuerpo* completamente constituido por *Energía*.

- *Proyección mixta 2*
  La imagen de tu *Cuerpo* volando sobre las nubes bajo un cielo azul, y las sensaciones que te genera la brisa y el movimiento.

- *Proyección mixta 3*
  La imagen de tu *Cuerpo* volando por el *Universo*, y el silencio y la liviandad reinantes.

- *Proyección mixta 4*
  La imagen de tu *Cuerpo* caminando por un bosque, y los aromas y la frescura del lugar.

- *Proyección mixta 5*
  Un sol naranja de amanecer en el horizonte de una mañana campestre, emanando rayos de *Energía* que llegan a ti, mientras proyectas el *Om continuo* en cada exhalación.

48. Proyección perceptiva

O *Proyecciones perceptivas*.
Ejercicios modelados en base a la combinación de *Proyecciones* y *Percepciones*.

En la *Proyección perceptiva 1* mantén tus ojos abiertos y adopta durante su realización cualquier posición estática de tu *Cuerpo*; en los demás ejemplos conserva tus ojos cerrados y mantén *Posición* de *Meditación*.

En todos los casos implementa las consignas expresadas procurando su vivenciamiento, y aplica *AVM* sobre el conjunto de sensaciones emergentes.

Ejemplos:

- *Proyección perceptiva 1*
  Observa un paisaje natural que te inspire armonía, mientras proyectas en cada exhalación la siguiente *Afirmación*: "mi *Mente* es un océano sereno y profundo".

- *Proyección perceptiva 2*
  Emite una *Afirmación* (*Proyección de base auditiva de Afirmación* Apartado 44) o un *Mantra* (*Concepto auditivo*, Apartado 34) de forma objetiva a través de tu aparato fonador, mientras escuchas este sonido y percibes paralelamente las sensaciones que la vibración del mismo genera en tu *Cuerpo*.

- *Proyección perceptiva 3*
  Percibe tu *SNC*, mientras lo visualizas constituido por una *Energía* que se irradia a todo tu *Cuerpo*.

- *Proyección perceptiva 4*
  Percibe tu *SNC*, mientras proyectas la sensación de respirar desde el mismo (como si este cumpliera la función de pulmón), y le influyes mayor relajación en cada exhalación.

- *Proyección perceptiva 5*
  Percibe los sucesos ópticos que se despliegan en la región de tu frente, mientras proyectas el *Om continuo* en cada exhalación, y percibes la influencia vibracional del *Mantra* en el mismo sector.

49. Percepción de base visual

U *Observación* u *Observaciones.*

Ejercicios basados en la aplicación de *AVM*, o *AA* o *AC* sobre *Elementos reales* o *Elementos reales dinámicos* de carácter visual.

En algunas de estas *Técnicas* tus ojos deben permanecer completa o parcialmente abiertos. En este caso es aconsejable que evites parpadear durante el mayor tiempo posible, para lo cual puedes influir constante y creciente relajación a todo tu aparato de la visión, y conserves una distancia mínima entre tus ojos y el objeto observado de alrededor de cincuenta centímetros. También es recomendable que orientes tu mirada de forma frontal y horizontal, y mantengas tus ojos quietos, incluso cuando la observación incluyera la totalidad de tu campo visual.

La observación de paisajes naturales como el mar, la montaña, el bosque, etc., conlleva en general un alto potencial abstractivo. Asimismo el cielo, tanto diurno como nocturno, genera además una potente noción expansiva que beneficia el despliegue actitudinal.

Los objetos que guardan connotación arquetípica (elementos de la naturaleza, *Yantras*, imágenes devocionales, etc.) adicionan además un efecto sugestivo favorable.

En *Percepción de base visual de Elemento real sucesos ópticos internos* conserva tus ojos cerrados; en los demás ejemplos mantenlos abiertos.

En todos los casos observa según la consigna expresada, aplicando *AVM* o *AA* en la generalidad de los *Ejercicios*, o *AC* en *Percepción de base visual de sucesos ópticos internos.*

Ejemplos:

- *Percepción de base visual de Elemento real o Elemento real dinámico*
  Cualquier elemento estático o dinámico que te inspira armonía.

- *Percepción de base visual de Elemento real o Elemento real dinámico Naturaleza*
  Un elemento estático de la naturaleza (como un paisaje completo o un sector del mismo), o un elemento dinámico de la misma. Si se trata del sol, que sea en las primeros minutos del amanecer o en los últimos del atardecer, cuando se suaviza su intensidad lumínica.

- *Percepción de base visual de Elemento real Llama*
  La llama producida por una vela o una pequeña lámpara de aceite, en lo posible dentro de una sala que sólo posea esta fuente de luz.

- *Percepción de base visual de Elemento real Entrecejo o Punta de la nariz*
  La zona de tu entrecejo o la punta de tu nariz.

- *Percepción de base visual de Elemento real Concepto visual*
  Un *Yantra* o un *Mandala*.

- *Percepción de base visual de Elemento real Sector de un plano en el espacio*
  Un sector o *Punto* de un plano en el espacio distante unos cuarenta centímetros de tus ojos. Para facilitar el situamiento ocular puedes apelar a la colocación de cualquier elemento (un dedo por ejemplo) a la distancia indicada, sobre el cual se centrará tu visión, y a los pocos instantes retirarlo mientras tus ojos conservan su posición.

- *Percepción de base visual de Elemento real Oscuridad*
  Los sucesos ópticos acontecidos en un ambiente de absoluta oscuridad; tanto la totalidad, como una parcialidad o un *Punto* de los mismos.

- *Percepción de base visual de Elemento real Sucesos ópticos internos*
  Los sucesos ópticos acontecidos cuando tienes los ojos cerrados, tanto la totalidad, como una parcialidad o un *Punto* de los mismos. Puedes como opción cubrir tus ojos con las palmas de tus manos o con una venda.

50. Percepción de base auditiva

O *Escucha*.
Ejercicios basados en la aplicación de *AVM*, o *AA* o *AC* sobre *Elementos reales* o *Elementos reales dinámicos* de carácter auditivo.
Puede tratarse tanto de sonidos provenientes del entorno como generados por el propio *Cuerpo*. En este último caso las opciones son el *Concepto auditivo* (emitido objetivamente a través del aparato fonador), el *Sonido respiratorio* (*Mecánica respiratoria*, Apartado 35) o el *Sonido interno* (Apartado 36).
En todos los casos escucha según la consigna expresada, aplicando *AVM* o *AA* en la generalidad de los *Ejercicios*, o *AC* en *Percepción de base auditiva de Elemento real Sonido interno*.
Ejemplos:

- *Percepción de base auditiva de Elemento real dinámico Sonido de Instrumento sonoro*
  Sonidos emitidos por *Instrumentos Sonoros* (*Accesorios*, Apartado 18) afines a la práctica meditativa. Es recomendable que los toque otra persona mientras tú ejercitas. Si los ejecutas tú mismo, el *Ejercicio* se trans-

forma en uno afín al formato de *Práctica híbrida* (*Tipos de prácticas*, Apartado 26).

- *Percepción de base auditiva de Elemento real dinámico Sonidos del entorno*
  Los sonidos ambientales.

- *Percepción de base auditiva de Elemento real dinámico Sonido respiratorio*
  Tu *Sonido Respiratorio* (*Mecánica respiratoria*, Apartado 35). Como opción puedes cubrir tus orejas con las palmas de tus manos.

- *Percepción de base auditiva de Elemento real Sonido interno*
  Tu *Sonido Interno* (Apartado 36).

Desde el enfoque estrictamente meditativo, la escucha de música representa una actividad técnica y potencialmente débil como para conformar un *Ejercicio*, y por ello sólo la incluyo de forma indirecta como audición de *Instrumentos sonoros* o *Conceptos auditivos*. De todas formas resulta un excelente acompañante de *Prácticas complementarias* (Apartado 65), o en ocasiones en las cuales la expectativa sea lograr estados de relajación, sin un interés determinado por logros más específicos.

51. Percepción de base cinestésica

Ejercicios basados en la aplicación de *AVM* o *AA* o *AC* sobre *Elementos reales* o *Elementos reales dinámicos* de carácter cinestésico.

El formato *AC* resulta teóricamente aplicable a las tres vías sensoriales, pero prácticamente poco viable en las olfativa y gustativa.

Los elementos percibidos pueden ser tanto *Elementos reales* como *Elementos reales dinámicos* en el canal táctil, pero solo *Elementos reales dinámicos* en las vías olfativa y gustativa[22].

En todos los casos percibe según la consigna expresada, aplicando *AVM* o *AA* en la generalidad de los *Ejercicios*, o *AC* en *Percepción de base cinestésica de Elemento real Cuerpo*, *Percepción de base cinestésica de Elemento real Cuerpo durante pausa respiratoria* y *Percepción de base cinestésica de Elemento real SNC*.

Ejemplos:

- *Percepción de base cinestésica de Elemento real dinámico Aroma*

    Un aroma, tanto inherente al contexto de práctica como producido por un *Accesorio* (*Elementos generadores de aroma, Accesorios*, Apartado 18).

- *Percepción de base cinestésica de Elemento real dinámico Sabor*

    Un sabor, colocando en tu boca un elemento *Accesorio* que lo produzca (*Otros accesorios, Accesorios*, Apartado 18).

- *Percepción de relajación de Elemento real dinámico Relajación creciente*

    Difunde voluntariamente *Relajación* creciente a tu *Cuerpo* en cada exhalación, y percibe el conjunto de sensaciones emergentes de la dinámica.

- *Percepción de base cinestésica de Elemento real dinámico Cuerpo*

    Tu *Cuerpo*, haciendo circular tu *Atención* por distintos sectores del mismo, tanto superficial como internamente.

- *Percepción de base cinestésica de Elemento real dinámico Mecánica respiratoria*

---

22   Debido tanto a las características de los elementos percibidos, como a las de los órganos fisiológicos encargados de la captación.

La generalidad de las sensaciones emergentes de tu *Mecánica respiratoria*, o algún aspecto particular de la misma como los efectos del paso del aire por las fosas nasales o el movimiento abdominal.

- *Percepción de base cinestésica de Elemento real dinámico Dinámica cardíaca*
  Las sensaciones generadas por el movimiento de tu corazón. También puedes apoyar una mano sobre tu pecho y percibir tu dinámica cardíaca a través de la palma.

- *Percepción de base cinestésica de Elemento real o Elemento real dinámico Influencias táctiles externas*
  Las sensaciones estáticas o dinámicas generadas por factores como la temperatura ambiental, la indumentaria, el contacto con el suelo, la brisa, etc.

- *Percepción de base cinestésica de Elemento real Cuerpo*
  Un sector o *Punto* de tu *Cuerpo*.

- *Percepción de base cinestésica de Elemento real Cuerpo durante Pausa respiratoria*
  Un sector o *Punto* de tu *Cuerpo*, mientras detienes tu *Respiración* durante diez segundos en cualquier momento del ciclo.

- *Percepción de base cinestésica de Elemento real SNC*
  La totalidad de tu *SNC*, o un sector o *Punto* del mismo especialmente situados en el encéfalo.

52. Percepción mixta

Ejercicios basados en la combinación de *Percepciones* de múltiple tendencia sensorial.

En todos los casos percibe según la consigna expresada, aplicando *AVM* o *AA*.

Ejemplos:

- *Percepción del Presente*
  El *Presente* (*Referencia cronológica* y espacial, Apartado 37).

- *Percepción de Sucesos intra craneanos*
  Tus *Sonidos internos*, de forma paralela a las imágenes y sensaciones que se desarrollan en la región de tu frente.

53. Inducción simpática

Ejercicios basados en la estabilización voluntaria de un determinado parámetro fisiológico, con la finalidad de inducir por simpatía el ordenamiento sistémico, y la manifestación de un determinado *EM* asociado al grado de equilibrio alcanzado en dicho factor orgánico sobre el cual se aplica *AVM* o *AA*.

Estas *Técnicas* requieren de un claro conocimiento del parámetro de referencia y su contexto coligado, posibilidad otorgada exclusivamente por el vivenciamiento previo del mismo, y demandan también un manejo avanzado de la *Voluntad* en su específica aplicación relacionada al dominio de este factor.

Puedes elegir entre una variedad de parámetros como ritmo respiratorio, ritmo cardíaco, *Relajación* (general o específica de un sector), quietud, etc.

En todos los casos aplica tu *Voluntad* en lograr la regulación del factor que hubieras seleccionado, y difunde tu *Atención* sobre el mismo.

Ejemplos:

- *Inducción a través de Quietud corporal*
  Estabiliza la quietud de tu *Cuerpo* en el régimen correspondiente a *Pratyahara*.

- *Inducción a través de Ritmo cardíaco*
  Estabiliza tu ritmo cardíaco en el régimen correspondiente a *Pratyahara*.

- *Inducción a través de Relajación de SNC*
  Estabiliza la relajación de tu *SNC* en el régimen correspondiente a *Dharana*.

54. Inducción actitudinal

Ejercicios basados en la estimulación voluntaria de uno, o un conjunto de parámetros fisiológicos representativos de determinada *Actitud* (Apartado 12), con la expectativa de lograr por simpatía el incremento y la difusión sistémica de la misma, y el advenimiento por consecuencia de su *EM* asociado.

La *Atención* se despliega como *AVM*, *AA* o *AC* sobre dicho o dichos factores referenciales, considerados *Elementos reales dinámicos* debido a que el desenvolvimiento de las actitudes desencadena un proceso retro alimentario que significa la variación constante de estos hacia un estado de mayor equilibrio.

Para desarrollar estas *Técnicas* es necesario que reconozcas claramente y de manera vivencial las características de las actitudes referidas y sus parámetros orgánicos asociados, un adiestramiento de la *Voluntad* en relación a la promoción del despliegue de las mismas, y un manejo avanzado de la *Táctica dinámica* (*Principales mecanismos funcionales asociados*, Apartado 8).

Solo enunciaré el título de cada *Ejercicio*, debido a que mediante lo expresado en apartados anteriores resulta posible su comprensión.

Ejemplos:

- *Inducción de Humildad*

- *Inducción de Entrega*

- *Inducción de Valentía*

- *Inducción de Amorosidad*

55. Replegamiento atencional

Ejercicio basado en el despliegue de la *Atención* sobre su propia fuente de origen, la *Pulsión observadora*, la cual actúa como *Punto* de *Elemento real* sobre el que se aplica *AM*.

Es una *Técnica* avanzada que requiere un depurado dominio previo de la *AC* y la *Actitud*.

Resulta dificultoso ampliar su descripción, ya que cualquier referencia sensorial o espacio-temporal se presenta deficiente ante la inminente trascendencia del paradigma de dualidad sujeto-objeto asociada a estos niveles.

Puedes clarificar paulatina y empíricamente detalles sobre la misma al acercarte a su experimentación.

Para realizarla procura entonces que tu *Atención* se repliegue sobre sí misma para desplegarse sobre la *Pulsión observadora* como *AM*.

56. Vivenciamiento cognitivo

Durante el despliegue de un *EM*, la *Cognición* se amplía tanto en su aspecto atencional como sobre otros componentes de sí, representativos estos últimos del *substractum* esencial de la vivencia.

Si permaneces voluntariamente canalizando tu *Cognición* a través de tu *Atención*, es razonable entonces que continúes aplicando *Ejercicios* como los expresados en los apartados anteriores.

Si tienes la capacidad de detectar estos otros aspectos componentes de tu *Cognición*, puedes promover la experimentación de los mismos. Si efectivizas esta opción, los *EM* discurren rápidamente hacia su nivel *Profundo*, y se desencadena un acontecer inmediato de experiencias revolucionarias, aunque probablemente fugaces en tiempos cronológicos, finalizando el proceso con la estabilización en un nivel de equilibrio, en el que la *Atención* naturalmente volverá a tomar preponderancia.

Para lograr el antedicho desarrollo, es necesaria la implementación efectiva del aspecto actitudinal.

Los estados meditativos

57. Abstracción

O *Pratyahara*.

Referido tradicional y generalmente como *"Abstracción de los sentidos"*, definición que ante la óptica expresada en este libro presenta la controversia de sugerir como característica regente el distanciamiento de los *Cinco sentidos* respecto de estímulos provenientes del exterior del *Cuerpo*, mientras que la *AA* como régimen atencional basal de este nivel incluye esta posibilidad. De todas formas podría considerarse en los casos en los cuales los *Cinco sentidos* se abocan a captar *Elementos reales* constitutivos del *Cuerpo* y ubicados en su interior (*Sonido respiratorio* o *Sucesos ópticos intra craneanos* por ejemplo), tanto en base a *AA* como mediante *AC*, una separación de los ubicados en el exterior del organismo, situación que podría ser referida hipotéticamente como *"Abstracción de estímulos externos"*, cobrando la definición mayor certeza.

Pratyahara se manifiesta en concordancia con el desarrollo de posibilidades cognitivas otorgadas por la *Inteligencia corporal* en estado de máximo equilibrio.

Incluye la estabilización del *Pensamiento fisiológico* en un régimen que libera de reacciones automáticas descontroladas, mientras la *Mente* y la *Consciencia* continúan produciendo *Pensamiento lingüístico* y *Pensamiento intuicional* respectivamente, aunque ambas de forma serena y sin desviar la *Atención*.

El despliegue atencional se da generalmente en base a *AA*, con posibilidad de desarrollo de *AC* y *AM*.

Para lograr la sustentabilidad de *Abstracción* es necesario el despliegue efectivo de *Desapego* y *Humildad*, aplicados respectivamente en el abandono de patrones de *Pensamiento* hasta el momento regentes y el facilitamiento del *Desarrollo natural* de la experiencia.

Cuando obtienes *Pratyahara* confluyen instantáneamente en ti una variedad de sucesos notables, como ampliación de percepción del *Presente*, inmensa sensación de paz, estabilización y sincronización de tus ritmos cardíaco y respiratorio, y profundización de la relajación de tu *Cuerpo*.

Mediante un entrenamiento sostenido, este *EM* permite ser vivenciado durante la vida cotidiana, debido a una combinación de factores tales como el moderado requerimiento de estabilidad en la *Tríada exterior*, la continuidad del *Pensamiento lingüístico* y el factible régimen de *AA* que te permite saber de tu entorno a través de los registros sensoriales captados por tus *Cinco sentidos*.

58. Concentración

O *Dharana*.

Tradicional y generalmente descripto como *"Un estado en el cual la mente[23] se focaliza y estabiliza en la contemplación de un único objeto, y sólo existen dos factores implicados en la experiencia: el observador y el elemento observado"*.

---

23 Conceptos de *mente* y *observador* afines a la idea tradicional clásica, diferente de la expresada en este libro.

La primera parte de esta definición, *"Un estado en el cual la mente se focaliza y estabiliza en la contemplación de un único objeto"*, refleja efectivamente algunos aspectos de *Dharana*, como la estabilidad lograda en la *Atención* y el *Pensamiento*, aunque bajo la óptica de este tratado requiere la salvedad de que el elemento referido debe ser un *Elemento real* constitutivo del *Cuerpo* y ubicado en su interior.

La segunda parte *"y solo existen dos factores implicados en la experiencia, el observador y el elemento observado"* conlleva, siempre desde el enfoque propuesto en este tratado, dos paradojas y una salvedad. La primera aparece cuando el régimen de *AC*, característico de este nivel, se vale de las posibilidades experimentales de la *Tríada exterior* para percibir el *elemento observado*, con lo cual podría o debería contemplarse a esta como un tercer componente involucrado en la vivencia. La segunda, considerando que se definiera al *Ser humano* en su totalidad como el *observador*, el *elemento observado* resultaría él mismo, (ya que la *AC* se difunde exclusivamente sobre *Elementos reales* pertenecientes al *Cuerpo*), con lo cual existiría un sólo factor implicado en la vivencia. La salvedad surgiría si se considerara la *Cognición* como resultante emergente diferenciada del *Ser humano*, y este como el *elemento observado* sobre el que aquella se desarrolla. De todo lo cual se infiere que resulta conceptualmente dificultoso y muy probablemente impreciso adjudicar un subtítulo coherente a este *EM*.

Dharana es el segundo *EM*, que se manifiesta en concordancia con el desarrollo de posibilidades cognitivas otorgadas por la *Inteligencia mental* en estado de máximo equilibrio.

Incluye el cese de la actividad del *Pensamiento lingüístico dialéctico* y la regencia del *Pensamiento lingüístico simbólico* (sin traducción a palabras), con el entendimiento esencial que esta condición posibilita, característica principal que lo diferencia notablemente del *Pratyahara*.

La *Consciencia* continúa influenciando su *Pensamiento intuicional*, pero de manera suavizada sin generar dispersión de la *Atención*.

El despliegue atencional se da generalmente en base a *AC*, con posibilidad de desarrollo de *AM*.

El requerimiento actitudinal transcurre en términos de *Entrega*, para permitir el proceso de reconfiguración del *Pensamiento*, de *Dialéctico* a *Simbólico*.

Abstracción te permite experimentar vivencias novedosas como introspección absoluta, percepción modificada del espacio-tiempo, potenciación de tu *Cognición* y *Pensamiento simbólico*.

59. Meditación

O *Dhyana*.

Su denominación castellana *Meditación* evidencia la importancia medular que reviste, debida al avance paradigmático sustancial que significa.

Desde antiguo se lo describe como *"Un estado en el cual desaparece la fluctuación mental*[24]*, mientras el observador y el objeto observado se vuelven uno"*.

La primera fase de esta enunciación, *"Un estado en el cual desaparece la fluctuación mental"*, resulta relativamente representativa. En cuanto a la segunda, *"mientras el observador y el objeto observado se vuelven uno"*, estimo más acertado decir que *"el observador se auto-observa"*, cuando experimentalmente esto es lo que se vivencia, y teóricamente es la forma más cercana de definir la acción realizada mediante la *AM* característica de este nivel. Es esta condición además una de las principales características que definen *Dhyana*, y sobre la que se sustenta la experimentación de transcendencia del patrón dualista sujeto-objeto en el que se basa el conocimiento humano vulgar.

Meditación es el tercer *EM*, que se manifiesta en concordancia con el desarrollo de posibilidades cognitivas otor-

---

24 Conceptos de *mente* y *observador* afines a la idea tradicional clásica, diferente de la expresada en este libro.

gadas por la *Inteligencia consciente* en estado de máximo equilibrio, lo cual incluye el establecimiento de un régimen basal para el *Pensamiento intuicional*, y la total estabilidad de la *Atención* que esto significa.

El despliegue atencional se da en exclusivos términos de *AM*.

El requerimiento actitudinal para su logro se traduce en *Valentía*, aplicada en la superación de la incitación al estancamiento o retracción producida por la exaltación del instinto de preservación, generada como reacción ante la noción de extinción de identidad diferenciada. La implementación efectiva de esta estrategia actitudinal necesaria representa además en sí misma un valioso hallazgo evolutivo.

A partir de aquí incluyo metáforas en las descripciones, dado que algunas características de este *EM* se expresan mejor a través de este recurso.

En cuanto al mecanismo que deriva en su manifestación, puedo decir que desde el *Dharana Profundo* aparece, casi imprevisiblemente, la posibilidad de avanzar hacia *Dhyana*. Conjuntamente con este suceso se presenta una disyuntiva estratégica que te confronta con tus miedos más ancestrales, al plantearse la necesidad de una elección entre la permanencia dentro de los parámetros hasta entonces explorados, y un enigmático avance de carácter exponencial similar a un *"salto al vacío en el que se pone en juego la propia existencia"*.

Si resuelves exitosamente este dilema se hace efectivo tu adelanto hacia *Meditación*, caso contrario permaneces en el nivel de *Concentración*, y posiblemente transcurra mucho tiempo hasta que esta oportunidad vuelva a presentarse.

De todas formas, la experiencia de haber llegado hasta este umbral sienta un importante precedente que tiñe de manera positiva toda tu vida. Tu perspectiva del espacio-tiempo y tus límites para considerar la realidad se expanden. Tu concepto de libertad acrecienta sus alcances, a partir de la emergente visión integral y atemporal de la existencia. Surge en ti una sensación imperecedera de resguardo, en un espacio inmutable a la vez micro y macro cósmico.

Experimentar *Dhyana* es como *"despojarte de todo lo conocido para entregarte a una corriente centrípeta dirigida hacia la simiente de tu propio ser"*. Es como *"despertar en un mundo maravilloso regido por nuevas y encantadoras reglas"*. Casi *"una gracia"*, que te proporciona experiencias indescriptibles y sensaciones que están más allá de lo conocido por la mayoría de los *Seres humanos* actuales.

Comienzas a sentir que la *Tríada exterior* es una proyección del *Observador* útil a los fines empíricos, y que este último es lo único realmente perenne de lo cual estás compuesto, situación que probablemente quede definitivamente clarificada durante el desarrollo de *Samadhi*.

60. Trascendencia

O *Samadhi*, es considerado desde antiguo la máxima aspiración en cuanto a posibilidades cognitivas humanas.

Descripto en general por repetición de conceptos milenarios metaforizados, probablemente debido a que muy bajo porcentual de *Seres humanos* lo habrían vivenciado, y además pocos de entre estos se habrían dedicado a transmitir sus experiencias. La dificultad para definirlo se acrecienta cuando sus características escapan a la posibilidad de comprensión teórica, y se utilizan comúnmente además para dicho fin conceptos tan vastos como el mismo *Samadhi*.

Se considera que su desarrollo da lugar a la experimentación de inagotable gozo, y a la revelación de misterios tales como la génesis, el sentido y el destino del *Cosmos*.

Se describen tradicionalmente dos tipos de *Samadhi*. El primero denominado *Savija Samadhi* (o *con Semilla*), durante el cual persistirían aún algunos atributos esenciales encargados de aportar cierto nivel de identidad diferenciada. El segundo llamado *Nirvija Samadhi* (o *sin Semilla*), supondría la fusión total y definitiva con algún tipo de matriz esencial del *Cosmos*, proceso que significaría el máximo alcance al que podría aspirar un *Ser humano* en relación a su evolución.

Según el enfoque que en este libro propongo, *Samadhi* sería el cuarto *EM*, manifiesto en concordancia con el alcance de la máxima capacidad cognitiva ofrecida por la *Inteligencia observadora*, sin un formato atencional ponderable debido a la variación radical en este nivel de los parámetros que definen la *Atención*.

El requerimiento actitudinal transcurre en términos de *Amorosidad*.

En lo personal sólo he vislumbrado *Samadhi* desde el *Dhyana Profundo*, por lo cual me expreso en relación a él en sentido probabilístico, basado en las nociones que he percibido desde esta perspectiva, y como en el *EM* anterior utilizo metáforas en las descripciones.

La tendencia cognitiva centrípeta que regía hasta *Dhyana Profundo*, cambiaría por una de carácter centrífugo y expansivo, proceso teñido de *Amorosidad* y relacionado con la experimentación de aspectos matriciales del *Ser humano* y el *Cosmos*.

La dualidad ha sido trascendida en el hallazgo de *Dhyana*, sin embargo en los umbrales de *Samadhi* se presenta una nueva situación de elección (correspondiente a *"estados cognitivos"*, y diferente de cualquiera concebida a partir de parámetros espacio-temporales), en este caso con tres chances.

La primera opción es continuar en ámbito de *Dhyana*.

La segunda sugiere el avance hacia un terreno de desarrollo inconmensurable de nuevas y sorprendentes posibilidades individuales, más allá de toda regla espacio-temporal, aunque insinúa la inclusión de *"existencia diferenciada"* y sostenimiento del *"libre albedrío"*.

La tercera se muestra como la última y final posibilidad que llevaría hasta una especie de fuente o matriz cósmica, y sería la que todo *Ser humano* debería transitar para alcanzar su completa y definitiva evolución, mientras sugiere la extinción del *"libre albedrío"* en son de una causa mayor, sólo probablemente develada posteriormente de efectivizado el avance.

Percibo que aunque fuera transitada la segunda opción, de todas formas sería repetidamente confrontada la elección de tomar la tercera, situación que resultaría en última instancia indefectible.

Tal vez estas dos posibilidades representen las dos clases de *Samadhi*.

61. Ejemplo gráfico del tránsito hacia los Estados meditativos

El siguiente cuadro muestro de manera sinóptica diversos aspectos del tránsito hacia los *EM*.

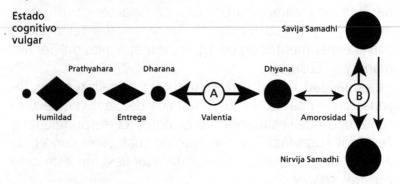

A - Primera elección
B - Segunda elección

Extras

62. Meditación en grupo

O *Práctica grupal* o *Prácticas grupales*.

Aquella en la cual dos o más meditadores ejercitan *Técnicas grupales*[25] en el mismo momento y en el mismo espacio[26].

Cuando los meditadores comparten un mismo espacio, pero ejercitan *Técnicas meditativas* individuales, se considera que desarrollan una *Práctica ortodoxa* (*Tipos de prácticas*, Apartado 26).

Puedes realizar las *Prácticas grupales* ocasional o periódicamente, y en todos los casos es recomendable que las consideres complementarias de tus *Sesiones* individuales de carácter regular.

A continuación ejemplos de *Técnicas grupales*, algunas para realizar en pareja y otras con la posibilidad de incluir mayor número de practicantes.

---

25 O *Técnica grupal*. *Ejercicio* que incluye interacción sensorial mutua entre quienes la realizan, portante en general de un menor posicionamiento técnico y potencial práctico que las *Técnicas meditativas*.

26 Un lugar que posibilita la comunicación sensorial (visual, auditiva y/o cinestésica) entre los practicantes.

En todas ellas aplica, como los demás participantes, *AVM* o *AA*.

- *Proyección perceptiva grupal* (vulgarmente denominada *Meditación guiada*)
  Uno de los participantes o un coordinador externo (personalmente o desde una grabación), describe verbalmente y de forma audible una *Proyección perceptiva* que todos toman como referencia.

- *Proyección grupal de base auditiva de Mantra*
  Todos los participantes vocalizan un *Mantra* al unísono, escuchando la resultante sonora conjunta.

- *Percepción grupal de base cinestésica de dinámica corporal*
  Un practicante cumple el rol de guía caminando con los ojos abiertos. Otro u otros se toman de él para andar con los ojos cerrados, percibiendo estos el conjunto de sensaciones emergentes de la dinámica del movimiento. Transcurrido un lapso coherente pueden intercambiar los roles.

- *Percepción mutua de base cinestésica de ciclo respiratorio*
  Tú y tu compañera/o sentados de modo que sus espaldas estén en contacto. Ambos perciben el movimiento respiratorio del compañero procurando sincronizar sus ciclos.

- *Percepción mutua de base visual*
  Tú y tu compañera/o sentados uno frente al otro observan mutuamente sus ojos.

63. Meditación durante la vida cotidiana

La realización de ejercicios de carácter meditativo durante tu vida cotidiana te aporta variados beneficios, y resulta un excelente complemento de tu *Sesión*.

Esta actividad permite que tu *Tríada exterior* se vea constantemente influida hacia el equilibrio, con favorables consecuencias directas e inmediatas (como mayor rendimiento y placer en el efectuar de tu quehacer), e indirectas y mediatas (como aumento de las posibilidades de alcanzar logros durante su *Sesión*).

Si estuvieras cumpliendo una acción específica que requiriese dedicación, puedes desplegar *AVM* sobre la dinámica particular de la misma.

Si tu tarea resultara de orden más general, puedes aplicar paralelamente *AVM* sobre la percepción de aspectos como el *Presente* (*Referencia cronológica y espacial*, Apartado 37) o tu *Mecánica respiratoria* (Apartado 35) por ejemplo.

También mientras caminas puedes desarrollar ejercicios como *Técnica dinámica 3* (*Ejercicios dinámicos*, Apartado 64).

A través de esta práctica obtienes de forma paralela un mayor registro claro de las situaciones que vives, y puedes observarte de una manera más auténtica, lo cual te permite identificar tus posibles conductas automáticas para mejorarlas.

64. Ejercicios dinámicos

O *Técnica/s dinámica/s*.

Ejercicios basados en específicos movimientos del *Cuerpo*, y la aplicación de *AVM* o *AA* sobre *Elementos reales dinámicos* emergentes de la mencionado despliegue.

Gran parte de las mismas surgen de las *Prácticas complementarias* (Apartado 65).

Los describo como *Extras* debido a que se encuadran dentro de los formatos *Práctica híbrida* (*Tipos de prácticas*, Apartado 26) o *Práctica heterodoxa*.

Estas *Técnicas* pueden ser realizadas según sus características entre la *Instancia preparatoria* (Apartado 27) y la *Instancia meditativa* (Apartado 28), o durante la vida cotidiana.

Resultan un recurso con particular potencial abstractivo, dado que reflejan en alto grado el estado de las *Inteligencias* previo a la manifestación de *Pratyahara* de lo cual emerge un elevado nivel de empatía, si bien en otro sentido se ven limitadas por requerir de la inversión de cierto grado de *Atención* sobre el entorno.

Se caracterizan comúnmente por el desplazamiento lento y acompasado con la respiración, y una probable disminución paulatina de la velocidad.

En este tratado explico tres ejemplos basados en caminata, para los cuales te recomiendo contemplar los siguientes aspectos:

• Camina lentamente.

• Mantén tus rodillas levemente flexionadas.

• Sincroniza el movimiento con tu ritmo respiratorio.

• Procura lograr creciente *Relajación* general de tu *Cuerpo*.

• Mantén tus ojos abiertos.

• Sostén cierto grado de *Atención* en el entorno como norma de seguridad.

En todos los casos percibe según la consigna expresada, y aplica *AVM* de tendencia cinestésica o mixta según correspondiera.

Las *Técnicas dinámicas 1* y *2*, puedes efectuarlas en un espacio reducido como el mismo ambiente donde desarrollas tu práctica. La *Técnica dinámica 3* debido a sus características, es recomendable que la realices al aire libre.

Ejemplos:

• *Técnica dinámica 1*
Camina, aplicando un mínimo de cinco segundos para dar cada paso, inhalando durante la primera mitad del tiempo total empleado en la realización del mismo y exhalando durante la segunda mitad.

- *Técnica dinámica 2*
Camina, observando la totalidad de tu campo visual, y percibe paralelamente las sensaciones generadas por tu *Respiración*. Puedes emplear varios pasos para inhalar y varios para exhalar, procurando simetría entre ambas fases. Tiempo de paso *Idem Técnica dinámica 1*.

- *Técnica dinámica 3*
Camina, con un tiempo promedio de paso de entre uno y dos segundos. Mantén tu mirada horizontal situada sobre un punto lejano (en lo posible más de cincuenta metros). Los tiempos de inhalación y exhalación deben ser iguales. Cada una de estas dos fases respiratorias representa un semi ciclo, por lo cual en conjunto (desde el inicio de la inhalación hasta la finalización de la exhalación) comprenden un ciclo. Comienza el ejercicio inhalando durante un paso y exhalando durante el siguiente. Luego inhala en dos pasos y exhala en los próximos dos. En el siguiente ciclo emplea tres y tres pasos para cada semi ciclo. Así sucesivamente extiende la duración de los ciclos hasta el máximo que tu capacidad respiratoria permita. Luego aplica el mismo criterio pero en descenso, hasta llegar nuevamente al ritmo uno-uno, desde el cual puedes iniciar nuevamente la secuencia ascendente.

El trazado de *Yantra* o *Mandala*, cuando se realiza aplicando *AVM* sobre aspectos específicos de la actividad, puede ser considerado un *Ejercicio dinámico*.

65. Prácticas complementarias

Son disciplinas cuyo ejercicio favorece la práctica meditativa ya que promueven el equilibrio psicofísico.
Se trata en particular de técnicas tradicionales tales como el *Yoga*, el *Chi kung*, el *Tai Chi* y el *Kannagara* por ejemplo, las cuales revisten cierto perfil meditativo aunque es recomendable diferenciarlas de la *Sesión* específica de *Meditación*.

También los métodos occidentales basados en *Ejercicios respiratorios* como la *Respiración holotrópica* y el *Rebirthing*, e incluso el sistema de contemplación de la luz solar *Sun Gazing* se incluyen dentro de este conjunto.

Hasta la recepción de masaje representa un excelente complemento.

Finalmente, en general toda actividad que resulte gratificante y saludable, ya sea de carácter intelectual, artística, deportiva, etc., puede ser considerada una *Practica complementaria*.

La única consideración que propongo al respecto de la realización de estos quehaceres, es evitar excesos que generen cansancio, para lo cual debes contemplar tus propias posibilidades y prioridades.

66. Retiros de Meditación

Son lapsos generalmente de algunos días, durante los que se efectúa un régimen de práctica concentrado de muchas horas diarias, en un contexto posiblemente acompañado de otros componentes particulares como un ambiente específico, votos de silencio, alimentación especial, etc.

Resultan muy beneficiosos y son utilizados como eje por algunos *Métodos*.

Ten en cuenta que siempre es aconsejable realizarlos dentro de un marco contenido y tutelado.

De todas formas, y como en cualquier aspecto relacionado a la *Meditación*, es razonable que evalúes los mismos sobre la base de la *RS*.

67. Aplicación terapéutica

Considero esta un área circunscripta al abordaje por parte de profesionales de la medicina.

Si bien resulta básicamente razonable evaluar todo factor que promueva el equilibrio integral del *Ser humano* como poseedor de cierto carácter terapéutico, también se deduce que en muchos casos este aspecto es un resultado secundario respecto del eje conceptual del mismo. Esto es lo que precisamente sucede con *Meditación*, la cual dista de ser una práctica terapéutica aunque beneficie la salud en todas sus formas.

En todo caso podría ser pensada como complementaria, en un contexto que siempre debe estar coordinado por especialistas, quienes en lo posible posean una visión holística e integradora de la salud.

68. El aspecto místico

Tradicionalmente en muchas ocasiones, se relaciona la *Meditación* con este sentido, el cual resulta incluso eje para la propuesta de algunas *Escuelas*.

Este factor puede considerarse según dos posibilidades.

La primera, de carácter devocional, es aquella en la cual los practicantes modelan sus ejercicios en base a expectativas previas y definidas en este sentido. Dentro de este formato se encuadra por ejemplo la "oración religiosa", que supone cierta comunicación con lo "divino" (o alguna instancia extrasensorial).

La segunda, que funciona como complementaria de la primera o de forma totalmente independiente de aquella, se relaciona con experiencias de carácter místico que pudieran surgir espontáneamente durante la práctica, incluso en individuos con tendencia escéptica o atea. De hecho, la vivencia de los *EM* y sobre todo la de los más avanzados, incluye en alto porcentual de casos esta realidad.

Estimo este componente como un importante elemento a contemplar dentro del análisis de la temática meditativa, aunque en este tratado sólo lo referencio de forma somera y pragmática dentro de algunas *Técnicas*, en las cuales los *Elementos reales* o *Elementos proyectados* que se utilizan para focalizar la *Atención*, pueden referirse al ámbito devocional.

Finalmente, y con igual criterio que para todo lo dicho en el libro, creo que este aspecto debe ser evaluado y decidido personalmente por cada practicante en base a la *RS*.

69. Los niños y la Meditación

Contemplando algunas particularidades, sobre todo el acompañamiento por parte de mayores experimentados, pueden ser practicadas algunas *Técnicas meditativas* por adolescentes, y ciertos ejercicios de tendencia meditativa por niños más pequeños.

Estas prácticas estimulan en ellos la buena disposición anímica, la autoestima, la creatividad y la sana relación familiar sobre todo si es compartida por padres o familiares cercanos, además de sentar un importante precedente para despertar la perenne inquietud por el cuidado personal, y eventual expectativa de la incorporación de la práctica a la vida cotidiana.

La mejor escuela es el ejemplo. Cuando los pequeños ven meditar a los adultos tienen la capacidad de comprender intuitivamente la importancia de la actividad, lo cual les inspira en general respeto y curiosidad inmediatos; es asombroso observar cómo captan intuitivamente la condición actitudinal necesaria para el ejercicio.

Resulta de suma importancia que quien se dedique a guiar la práctica posea real y amplia experiencia directa en el tema, así como nociones de didáctica y especialmente un trato amable y amoroso.

Es fundamental también procurar que los pequeños disfruten el ejercicio, para lo cual en general pocos minutos interesantes valen más que una extendida rutina aburrida.

También resulta primordial considerar sin condicionamientos la libertad por aceptar o rechazar la propuesta, así como adecuar la *Sesión* al contexto particular de las posibilidades y expectativas de cada joven.

En relación con la edad pueden considerarse las siguientes reglas generales:

- Hasta los nueve años utilizar estrategias y *Técnicas* simples, tales como juegos divertidos que incluyan movimiento corporal, canto de *Mantras* acompañado con palmas o instrumentos de percusión, armado de *Mudra* y básicas *Proyecciones perceptivas*, siempre apelando a objetos y situaciones conocidas objetivamente por ellos.

- A partir de esa edad y hasta la pre adolescencia inclusive, es plausible sumar a las antedichas algún tipo básico de *Ejercicio* de *Proyección* (*Proyección de un Mantra* por ejemplo) o *Percepción* (*Percepción de la Respiración* o *Percepción de base auditiva de sonidos del entorno* por ejemplo). Resulta también importante en este segmento atender las preguntas que seguramente comenzarán a manifestar los niños.

- Alrededor de los trece comienza la posibilidad de pensar en abstracto, y pueden ser incorporados nuevos conceptos como *Visualizaciones* de la *Energía* por ejemplo o la *AFE*. Al final de la adolescencia es importante facilitarles la posibilidad de comprender cómo la *Meditación* podrá beneficiarlos y ayudarlos a ser felices. Tal vez durante esta etapa sea donde aparezcan mayores reticencias, dado que la natural rebeldía de los adolescentes los induce a rechazar muchas propuestas que llegan desde el mundo de los adultos, aunque de todas formas hay casos particulares en los que demuestran amplio interés. Muy probablemente si de más pequeños han experimentado la práctica meditativa, esto facilitará el despliegue durante la adolescencia.

- Transcurridas estas etapas pueden ser ejercitadas la totalidad de las *Técnicas* con el mismo régimen que para los adultos. Puede suceder que algunos niños demuestren interés innato e incluso soliciten natural y espontáneamente la realización de prácticas meditativas.

Por supuesto cada individuo, independientemente de su edad responderá de forma particular, según su personalidad, posibilidades y expectativas.

70. Mis experiencias de pequeño

Algunas de mis experiencias resultan interesantes para ejemplificar aspectos enunciados en el apartado anterior.

A la edad de once aproximadamente, surge en mí la expectativa casi espontánea por explorar los primeros e intuitivos pasos en el camino meditativo, acontecer antecedido sólo por propias inquietudes, dado que la educación que había recibido carecía de posibles influencias a favor de las mismas.

Sucedía que cuando ocasionalmente quedaba solo en casa, apagaba las luces y me sentaba en el suelo a percibir el silencio y la calma.

Lo más interesante resultaba cuando diariamente al acostarme, ejercitaba instintivamente lo que más tarde supe llegaron a ser estados definidos y avanzados.

Varios años duraron estas prácticas en las que tiempo y espacio se modificaban.

Auto observarme desde una perspectiva nueva y fascinante, sentir lo micro y lo macro cuerpo a cuerpo e intercambiando su protagonismo, todo resultaba sorprendente y emocionante.

Seguramente la mayor libertad de condicionamientos que por naturaleza poseía en aquellas épocas facilitaba el desarrollo de esta aventura, durante la que transité increíbles experiencias.

Más tarde algunas vivencias comenzaron a inquietarme, debido a su magnánima imponderabilidad, y al carecer de información referencial o personas que me guiaran, abandoné los ejercicios durante muchos años.

Indudablemente todo aquel precedente sentó las bases para que actualmente me resulte grato y natural el ejercicio diario de *Meditación*, sin descartar que todo hubiera sido más sustentable si un adulto con experiencia me hubiera guiado y acompañado en aquellas primeras épocas.

71. Autogestión

Finalmente te propongo que explores y descubras tus propias *Técnicas* y *Estrategias*.

Si bien es productivo el acompañamiento, la guía, o la referencia de otros, la única vía real a través de la cual siempre obtendrás el conocimiento es tu exclusivo trabajo personal, ya que lo esencial resulta en última instancia indecible e intransferible.

Asimismo si consideras que tus experiencias resultan interesantes como para ser difundidas y acrecentar el caudal de información disponible sobre el tema, anímate a cumplir este trabajo de divulgación; estima que tal vez sirvan de orientación para otras personas.

Sé humilde y desapegado, entrégate, ten valor y sobre todo… ama…, si vives según estos aspectos ya has triunfado, y la *Meditación* te ha dado su más preciado secreto.

Éxito, y… ¡sé feliz!

Agradecimientos

Gracias a ti por haber abordado esta lectura.
Gracias por tener inquietudes de mejorar tu ser.
Gracias por tu *Amor*.
Gracias a Natalia Volpatti, Noelia Casais, Gonzalo Rodríguez, Valeria Haro, Sebastián Guic, Silvana Redondo, Alejandro Laita, Lato Santana, Irene Silva, Leonardo Crespo y Vanina Pascua, por haber colaborado en la modelación de algunos aspectos particulares de este libro y por su nutritiva amistad.
A todos, gracias.

Anexo

Guía de abordaje

Formato teórico práctico básico. Aborda los apartados 3 al 5, 15 al 25, 31, 65, 67, 68 y 72 en el orden descripto, guiándote por un criterio de lectura corrida sin considerar las referencias que aparezcan.

Formato teórico práctico avanzado. Considera los apartados enumerados, incluidas las referencias que éstos contengan (si tuvieras dudas sobre el significado de alguna de ellas consulta el listado de definiciones y términos descriptivos propuesto más abajo). Apartados 3 al 72, de forma correlativa la primera vez, y selectiva según interés por tema, o aleatoria en las posibles subsiguientes.

Definiciones y términos descriptivos por orden alfabético

Anátomo fisiología energética o AFE

Posible componente constitucional, compuesto de canales recorridos por cierto tipo de energía y nodos en los cuales estos confluyen.

Atención abstractiva o AA

Atención difundida exclusivamente sobre los *Cinco sentidos*, necesariamente en relación a estímulos provenientes de *Elementos reales* externos al *Cuerpo* y situados fuera de él, posiblemente sumados a otros provenientes de *Elementos reales* constitutivos del organismo y ubicados en su interior.

Atención concentrativa o AC

Atención difundida exclusivamente sobre los *Cinco sentidos*, ineludiblemente en relación con estímulos provenientes de *Elementos reales* constitutivos del *Cuerpo* y ubicados en su interior.

Atención meditativa o AM

Atención replegada y difundida exclusivamente sobre la *Pulsión observadora*, la cual funciona como *Punto* de *Elemento real*.

Atención vulgar o AV

Atención difundida de forma desordenada sobre los *Cinco sentidos*, la *Memoria*, la *Imaginación* y la *Intuición*, en relación a estímulos provenientes de *Elementos reales* y/o *Elementos reales dinámicos*, tanto constitutivos del *Cuerpo* y ubicados en su interior como externos al mismo y situados fuera de él, y/o *Elementos proyectados* y/o *Elementos* proyectados dinámicos.

Atención vulgar meditativa o AVM

Atención vulgar modelada voluntariamente para resultar aplicable a la realización de *Ejercicios* meditativos básicos.

Canal/es sensorial/es

Los *Cinco sentidos* se sintetizan en tres *Canales sensoriales*, las rutas visual, auditiva y cinestésica (o kinestésica, que nuclea tacto, gusto y olfato).

Dharana o Concentración

Segundo *Estado meditativo*

Dhyana o Meditación

Tercer *Estado meditativo*

Elemento/s proyectado/s

Entidad de existencia virtual y carácter estático, generada de forma voluntaria o involuntaria por el *Ser humano* mediante la *Imaginación*.

Elemento/s proyectado/s dinámico/s

Idem anterior con carácter dinámico.

Elemento/s real/es

Objeto o condición de existencia concreta y carácter estático, constitutivo al *Ser humano* o ajeno a él.

Elemento/s real/es dinámico/s

Idem anterior con carácter dinámico.

Instancia/s constitutiva/s

Componentes del *Ser humano*. *Cuerpo, Mente, Consciencia* y *Observador*.

Instancia de finalización

Período comprendido entre la culminación de la *Instancia meditativa* y el fin de la práctica. Tercera parte de una *Sesión*.

Instancia meditativa

Período comprendido entre la culminación de la *Instancia preparatoria* y el inicio de la *Instancia de finalización*, durante el cual se realizan *Técnicas meditativas* en *Posición* de *Meditación*. Segunda parte de una *Sesión*.

Instancia preparatoria

Período comprendido entre el comienzo de las tareas de preparación del entorno y el inicio de los *Ejercicios*. Primera parte de una *Sesión*.

Inteligencia/s

Emergente funcional de las *Instancias constitutivas*. *Inteligencia corporal, Inteligencia mental, Inteligencia consciente* e *Inteligencia observadora*.

Natural o Desarrollo natural

Proceso que transcurre sin intervención voluntaria del *Ser humano*.

Postura/s o Posición/es

Disposiciones corporales específicas utilizadas en *Meditación*.

Pratyahara o Abstracción

Primer *Estado meditativo*

Punto/s

Sector de menor dimensión plausible de ser vivenciado a través de una *Inteligencia*.

Regla de selección

O *RS*. Norma para seleccionar los *Ejercicios* y todo criterio a aplicar en relación con la práctica meditativa, sólo según el resultado práctico y objetivo que estos aportan.

Samadhi o Trascendencia

Cuarto *Estado meditativo*

Sesión/es

Dinámica comprendida entre el inicio de la *Instancia preparatoria* y la culminación de la *Instancia de finalización*.

Índice